HELMUT LANDER
MANFRED NIERMANN

# LEHM-
# ARCHITEKTUR IN SPANIEN UND AFRIKA

KARL ROBERT LANGEWIESCHE NACHFOLGER
HANS KÖSTER KÖNIGSTEIN IM TAUNUS

BILD-NACHWEIS: Alle Fotos stammen von Helmut Lander, wenn nicht anders unter dem Bild angegeben. Die Zeichnungen stammen von M. Niermann, außer denen für die Seiten 10 und 11, welche H. Lander anfertigte.


ISBN 3-7845-7240-5

INHALTSVERZEICHNIS

# Einführung

Die Menschen tropischer Regionen haben seit undenkbaren Zeiten direkten Kontakt zur Erde, auf der sie sich bewegen: Mit nackten Füßen drücken sie ihre Spuren in den feuchten Boden, sie sitzen auf der Erde, die von der Sonne erwärmt wurde, sie formen den Ton mit ihren Händen. Uralt ist das Wissen um den Boden, nicht nur um seine Eigenschaften als Acker- oder Weidegrund, sondern auch um ihn als Material für das Bauen und Formen. Man wußte die Vorteile des Materials zu nutzen und lernte im Laufe von Jahrtausenden, seine natürlichen Nachteile durch Bearbeitung des Stoffes selbst oder des fertigen Produkts auszugleichen. Man verstand sehr bald, daß aus dem Lehm – oder dem Ton, Löß, Mergel * und den vielen anderen unterschiedlichen Erscheinungsformen des gleichen Materials – sich sowohl die größten Hauskonstruktionen als auch kleine Vasen und Statuetten, ja sogar Schmuck herstellen ließ.

Aber die Beziehung der Menschen zum Boden war stets nicht nur utilitaristisch, sondern hatte immer auch stark mystische Elemente: Die Erde als eines der Grundelemente neben Wasser, Luft, Feuer – die Erde, von der Mensch und Tier leben, die Erde, ohne die es keine Zukunft gibt, die Erde, durch deren Beben die Götter ihren Zorn verkünden, die Erde als große Mutter, als Heimstatt für viele Geister und Götter, die Erde als Wohnplatz der Ahnen, die in ihr begraben wurden. Daß nach dem Glauben vieler Völker der Schöpfer den ersten Menschen aus Lehm formte, ist also für sie nicht nur vom Arbeitsvorgang her glaubhaft, sondern besonders auch mythologisch zwingend. Die transzendenten, positiven Attribute des Materials wurden auf die daraus hergestellten Dinge übertragen. So gewannen sowohl Götterstatuen als auch Häuser größere Bedeutung. Lokalisierte man dann noch die Gebäude an den den Göttern genehmen Stellen, baute man sie zu den von Astrologen als günstig bezeichneten Zeiten und orientierte das Haus oder seine Öffnungen in bestimmte vorteilhafte Himmelsrichtungen, so hatte man alles getan, um die Zukunft des Gebäudes und der darin lebenden Menschen zu sichern. Solches Denken und Handeln ernst zu nehmen und zu verstehen, fällt Menschen schwer, deren Grundstückswahl von der Lage der erschlossenen Baugebiete, deren Materialwahl vom Angebot der Baustoffindustrie und dem verfügbaren Kapital und deren Baubeginn vom Zeitpunkt der Erteilung der Baugenehmigung abhängt. Noch ist jedoch nicht ausdiskutiert, was wirklich Bedeutung hat, wenn man daran geht, jene Häuser und Städte zu bauen, die uns machen, nachdem wir sie gemacht haben.

Seitdem der Mensch den Schritt vom nomadisierenden Hirten und Jäger zum seßhaften Bauern tat und damit eine feste Behausung brauchte, wurde neben Holz und Naturstein besonders der Lehm in seinen unterschiedlichen Formen – als geformte Lehmwand oder als Ziegel – als Material für die Wände und auch für das Dach verwendet. Schon dem Jäger und Sammler wurde in natürlichen Höhlen der Lehm als Wand vertraut, er kannte die Wärme und Formbarkeit des Materials. Das hervorragende klimatische Verhalten der Höhle in einem Klima mit großen täglichen oder jahreszeitlichen Temperaturschwankungen erleichterte ihm das Überleben. Das ließ viele natürliche Höhlen von der zeitweiligen Unterkunft der Jäger zur ständigen Behausung der Bauern werden. Wo es der Boden erlaubte, wurden neue Höhlen gegraben. Löß und Lehm ließen sich zur Schaffung dieser ,,Negativ-Architektur'', bei der das Material entfernt statt herbei-

** Lehm: Durch Eisenverbindungen gelb bis braun gefärbter, sandhaltiger Ton.*

** Löß: Gelblicher, mergeliger Sand, größtenteils aus mehlfeinen Quarzkörnchen, vermischt mit Kalkspat. Durch Auslaugen des Kalkgehalts entsteht Lößlehm.*

** Mergel: Sedimentgestein, Gemenge aus Kalk und Ton.*

** Ton: Verwitterungsrückstände tonerdhaltiger Silikate, bes. der Feldspate. Bestehen hauptsächlich aus wasserhaltigen Aluminiumsilikaten wie Kaolin und Aluminiumhydrogelen mit zahlreichen Beimengungen. Durch Kalkzusatz geht Ton in Mergel über.*

** (Definition der Begriffe lt. dtv-Lexikon, München 1978)*

geschafft werden muß, um Räume zu schaffen, leicht bearbeiten. Man konnte Nischen graben und Sitz- oder Liegebänke stehen lassen, die dicken Wände schützten den Bewohner vor Temperaturextremen und schnellen Temperaturschwankungen. An Hängen und Steilabfällen, die einen horizontalen oder nur leicht geneigten Zugang erlaubten, ließen sich Höhlen besonders leicht graben (s. Bilder S. 37–44). In den chinesischen Lößebenen entstanden jedoch Ortschaften aus Höhlen, deren Räume von einem vertikal in die ebene Fläche gegrabenen Innenhof erschlossen werden (s. Bild S. 5). Wer einmal an einem heißen Tag Gelegenheit hat, die Kühle einer reich mit Teppichen und Kupfergeräten ausgestatteten Wohnhöhle irgendwo in Spanien zu betreten, wird alle Assoziationen des Begriffs „Höhle" mit „Tier" und „primitiv" aufgeben. Wohnhöhlen gibt es in vielen Teilen der Welt: im Lößgürtel Chinas, wo ca. 10 Mill. Menschen in Höhlen wohnen, in der Türkei, in der Ägäis, im Norden Afrikas, in Spanien und in den südlichen Teilen der USA.

In jenen Gebieten, die aus natürlichen Gründen den Bau von Höhlen nicht erlaubten, spielte der Lehm beim Schritt von der Laubhütte des Nomaden zum festen Haus des Seßhaften eine große Rolle. Die Wohnbauten der alten Großstädte des Zweistromlandes und des Niltals, von denen uns allenfalls einige aus Natursteinen oder gebrannten Ziegeln erbaute Kult- und Repräsentationsbauten erhalten sind, bestanden aus ungebrannten und in der Sonne getrockneten Lehmziegeln. Erst den verfeinerten technischen Mitteln der Archäologie gelingt es heute, Straßenzüge und Wohnhausgrundrisse an den Ausgrabungsstellen nachzuweisen, an denen man sich früher nur mit Tempeln und Palästen befassen konnte. Die sympathische Eigenart des Lehmhauses, beim Zerfall wieder in reine Natur überzugehen, hat ganze Großstädte verschwinden lassen und tiefgreifende Erkenntnisse der Fachleute über den Wohnhausbau in damaligen „Lehm-Metropolen" verhindert. Die Tradition, das einfache Wohnhaus aus Lehm zu errichten, hat sich bis auf den heutigen Tag erhalten. Überall dort, wo Holz und Naturstein nicht oder wenig vorhanden sind, wird auch heute noch der weitaus größte Teil der Wohnhäuser aus ungebrannten oder nur

*In den chinesischen Provinzen Honan, Shansi, Shensi und Kansu im chinesischen Löß-Gürtel wohnen zufolge Bernard Rudofsky (New York/London 1964) etwa 10 Millionen Menschen in Untergrund-Behausungen. Unser Bild zeigt eine Siedlung bei Tungkwan in der Provinz Honan. Die dunklen Partien sind Innenhöfe etwa in der Größe eines Tennisplatzes, durch deren Treppen sind Wohnungen mit rund 10 x 5 Meter großen Räumen erreichbar, die durch Fenster zu den Höfen beleuchtet werden. Auf der Oberfläche Felder, befinden sich unterirdisch nicht nur Wohnungen, sondern auch Schulen, Fabriken, Hotels und Verwaltungsbüros. Die Bauweise bietet im Winter warme, im Sommer kühle Räume, die sauber und frei von Ungeziefer sind. Foto: W.-D. Graf zu Castell, München-Riem, aus: Architecture without Architects, by B. Rudolfsky, Academy Editions, London.*

leicht gebrannten Lehmziegeln errichtet. Die unendliche Masse der Bewohner in den neuen Vorstädten der Entwicklungsländer strebt danach, ihre Hütten aus Pappe, Matten und Blechstücken langsam in ein Haus aus Lehmziegeln zu verwandeln. Hier entstehen keine großen formalen oder technischen Schöpfungen, sondern Behausungen, die den unter Zwang reduzierten Ansprüchen der Bewohner genügen.

Manche der traditionellen Lehmbauten zeigen aber einen hohen Grad technischer und künstlerischer Fertigkeit. Die Wohnhäuser des Hadramaut erheben sich bis zu acht Ge-

*Die Lehm-Hochhäuser von Shimbâm (Hadramaut), Südjemen, aus dem 17. Jahrhundert. Fotos: Helen Keiser, Zug.*

schossen und bilden in ihrer Addition komplizierte Stadtorganismen (s. Bilder S. 6). Mit ähnlicher ingenieuser Vollkommenheit bauen die Musgum in Kamerun ihre Rundhütten: Die Kuppeln werden aus länglichen Lehmstücken sehr dünnwandig mit der Hand „getöpfert". Sobald die letzte Schicht getrocknet ist, wird die nächste aufgebracht (s. Bild S. 3). Technisch weniger perfekt, aber in ihrer Gruppierung äußerst kompliziert zeigen sich die „Pueblos"genannten Wohnanlagen der Indianer in den südlichen USA. Sie reflektieren das Weltbild ihrer Bewohner und weisen im Ganzen und in ihren Einzelteilen Bezüge zu bestimmten Himmelsrichtungen auf. Einige der Pueblos wurden, wie traditionelle Bauten in Marokko, mit Hilfe von Gleitschalungen erstellt (s. Bild S. 7).

Aber nicht nur in tropischen Ländern – besonders den Ländern der ariden und semi-ariden Zonen – wurde Lehm als Baustoff verwendet. Der einfache bäuerliche Fachwerkbau Mitteleuropas wäre bis weit in das 19. Jahrhundert nicht denkbar ohne die Verwendung von Lehm. Nur bei reicheren Fachwerkhäusern wurden die Felder zwischen den tragenden Balken mit gebrannten Ziegeln ausgefacht. Bei allen anderen Bauten versah man die Felder mit einem Geflecht aus dünnen Ästen und Ruten und füllte sie dann von beiden Seiten mit Lehm, der verputzt wurde. Dem Lehm wurden Zusatzstoffe beigegeben, die das Reißen und das Auswaschen durch Regen reduzierten. In beinahe allen Ländern des südlichen Europa gibt es Gegenden mit traditionell bäuerlichen Lehmbauten. Dabei kann es zu Mischkonstruktionen kommen, in denen man zwei unterschiedliche Materialien beinahe gleichwertig verwendet, z. B. vermauert man Feldsteine in solch dicken Lehmschichten, daß eine Einordnung dieser Technik entweder in den Lehmbau oder den Natursteinbau schwerfällt (s. Bild S. 81).

Unseren Baumeistern ist das Wissen um den Lehmbau verlorengegangen. Niemand kennt mehr die Geheimnisse der Mischung von Ton, Sand, Wasser, Kalk und den vielen organischen Stoffen, die verwendet wurden. Eine Rückkehr zu diesen Techniken ist für uns Bewohner industrialisierter Länder nicht denkbar, eine Rückbesinnung auf die Qualitäten des Lehmbaus und ihre Rückgewinnung wäre jedoch des Versuches wert. Im Material Lehm, in den mit diesem Material entwickelten Wohnungsbauten und in der Addition dieser Wohnbauten in Siedlungsstrukturen stecken Antworten auf einige der Probleme, mit denen sich Planer unserer industrialisierten Welt heute befassen.

*Taos Pueblo, Mexico. Foto: Amos Rapoport, Milwaukee.*

# 1. Gehöft, Kasba, Ksar, Stadt

Wenn der Grund für die Betrachtung der Lehmarchitektur nicht so sehr im ausschließlich historischen Interesse liegt als vielmehr auf die Beantwortung einiger unserer heutigen Planungsprobleme zielt, so sollte nicht die Technik des Lehmbaus allein, sondern besonders auch die in ihr realisierten Gebäude, Hausgruppen und Siedlungsgefüge gesehen werden. Hier werden Ziele angestrebt und erreicht, die auch wir – wenn auch oft aus anderen Motiven – verfolgen.

* *Die Definition der Begriffe „Kasba" und „Ksar" ist nicht einfach, da sie in unterschiedlichen Regionen unterschiedliche Bedeutung haben. So kann „Kasba" sowohl „innerörtliches Speichergebäude" bedeuten als auch die eine Familie behausende quadratische Wohnburg bezeichnen. (In diesem Sinn wird der Begriff hier verwendet.) Manchmal bedeutet „Kasba" allerdings auch die dorfartige Addition solcher Burgen, sei es in Form der „Feudal-Kasba" als Adelssitz, oder als Wohnort einer Großsippe. Entlang der Mittelmeerküste und in Nordmarokko bezeichnet „Kasba" besonders die Altstadtkerne der Großstädte (so z. B. in Algier). Noch verworrener ist die Bedeutung des Begriffs „Ksar" (Plural: Ksour). Er kann sowohl „Wehrdorf" heißen und damit die Bezeichnung Kasba (Addition von Einzelburgen) ersetzen oder überhaupt „Ort" oder „Stadt" bedeuten.*

## 1.1 LOKALISIERUNG

Bei der Wahl des Standorts für eine Siedlung – wenn überhaupt von einem bewußt vollzogenen Vorgang die Rede sein kann – spielten oft die gleichen Gesichtspunkte eine Rolle, die auch bei unseren frühen Stadtgründungen berücksichtigt wurden. Wichtig sind in Zeiten ständiger Stammesfehden und kriegerischer Unruhe strategische Überlegungen. Sie können primär die Defensive berücksichtigen, z. B. bei einer Lage auf Bergrücken oder Hochplateaus, in unzugänglichen, versteckten Seitentälern oder in Flußschleifen, die leicht zu verteidigen sind, aber auch auf Offensive abzielen, wenn durch die Situierung an wichtigen Durchgangsstraßen oder vor Bergpässen der Verkehr von Waren und Menschen kontrolliert werden soll.

Die Lokalisierung von Gebäuden und Siedlungen berücksichtigt jedoch nicht nur die realen, sondern auch die imaginären Feinde, d. h. die Magie des Ortes. Die Nähe eines großen Baumes, der nicht nur ganz praktisch Schatten wirft, sondern auch, weil er aus der Tiefe der Erde bis hoch hinauf in den Himmel ragt, Erd- und Luftgeister miteinander versöhnt, ist als Standort für Haus und Gehöft günstig. Auch die Lage bei einer Quelle hat nicht nur pragmatische Vorteile, sondern weist darauf hin, daß die Götter dem Platz wohlgesinnt sind, da sie ihn mit einer Quelle schmückten. Im nördlichen Afrika konnte das Grab eines Weisen oder großen religiösen Führers Anlaß für die Gründung eines Ortes sein, dessen Bewohner auch nach dem Tode des Großen seine Nähe suchten – und eventuell von Pilgern, die das Grab besuchten, wirtschaftlich profitierten.

Neben strategischen Gesichtspunkten werden in den meisten Fällen wirtschaftliche Faktoren die Wahl des Standorts für Besiedlung entscheidend bestimmt haben. Die Lage des Ortes mußte die ökonomische Basis für das Leben der Bewohner garantieren. So finden wir die Siedlungen der Hirtenvölker in den weiten Weideflächen der Sahelzone und den Hochebenen Marokkos. Manchmal handelt es sich um „transhumane population", die je nach Jahreszeit mit ihren Herden zwischen zwei festen Wohnsitzen in nordsüdlicher

Richtung hin- und herwandert. Bäuerliche Siedlungen finden sich naturgemäß in Oasen und fruchtbaren Flußtälern. Lehrreich für uns könnte es sein, zu beobachten, wie vorsichtig dabei mit dem Acker- und Gartenland umgegangen wird: Ebenso wie z. B. im Niltal wird nicht das Fruchtland bebaut, sondern die sandigen und steinigen Hänge am Rande der Felder und Gärten. In einer Welt, die einen dramatischen Bevölkerungszuwachs erlebt und die darum im nächsten Jahrhundert mit einer gefährlichen Verknappung der Nahrungsmittel konfrontiert sein wird, ist unsere Hemmungslosigkeit bei der Umwandlung von produktiven Äckern und Weiden in Bauland ein Anachronismus, der allenfalls im 19. Jahrhundert verzeihlich gewesen wäre, sich aber spätestens im 21. Jahrhundert rächen wird.

Im gesamten afrikanischen Raum nördlich der Sahelzone sind besonders auch Stadtgründungen an Handelsstraßen zu finden. Sie haben sich wohl an Rastplätzen der ursprünglich nomadisierenden Bevölkerung entwickelt und boten den großen Karawanen nicht nur Unterkünfte, sondern auch die Möglichkeit, ihre Waren zu verkaufen oder zu tauschen. Diese Städte gewannen neben wirtschaftlicher Macht auch politische Bedeutung und entwickelten sich zu geistigen und kulturellen Kristallisationspunkten, da Karawanen neben Gütern auch politische und geistige Informationen und Ideen transportierten.

Trotz der extremen Klimabedingungen, unter denen die Menschen Afrikas und Südspaniens leben, scheinen klimatische Gesichtspunkte bei der Wahl der Standorte für Besiedlung nur eine untergeordnete Rolle zu spielen. Die Widrigkeiten des Klimas versucht man eher durch die Siedlungsstruktur und die Konzeption der Häuser auszugleichen, nachdem der Standort nach strategischen oder wirtschaftlichen Gesichtspunkten gewählt wurde. Vor der sengenden Sonne und den Sandstürmen der Sahara gibt es ebensowenig ein Entrinnen wie vor den Schneefällen auf den winterlichen Hochebenen des Atlasgebirges. Will man in diesen Gebieten siedeln, so gibt es keine Standortalternativen, an denen man vor den Klimaextremen geschützt wäre.

## 1.2 DIE GESTALT

### 1.2.1 *Der Grundriß*

Der entscheidende Anstoß, sich mit Lehmarchitektur zu beschäftigen, wird bei den meisten Menschen weder vom Interesse an technischen Problemen noch am Leben der Bewohner dieser Architektur kommen, sondern von der optischen Erscheinung der Gebäude. Es fasziniert die Gestaltung des Einzelgebäudes, die Gebäude in ihren Gruppierungen und besonders die Einordnung der Gebäudegruppen in die Natur. Hier wurde in den meisten Fällen – nach unserem ästhetischen Gefühl – die vollendete Harmonie zwischen dem technisch und künstlerisch gestalteten Objekt und der natürlichen Umgebung erreicht. Aber wurde sie von den Bauenden auch gewollt?

Betrachtet man die Gehöfte der Haussa, Dogon oder der meisten Stämme Kameruns, so findet man in den Grundrissen der Gesamtanlagen etwas Zufälliges, Organisches, das sich leicht mit der Umgebung verbindet. Es entsteht durch die Notwendigkeit, baulich auf die ständigen Veränderungen der Sippe, d. h. Wachsen und Schrumpfen der Einzelfamilien zu reagieren, Teile des Gehöfts verfallen zu lassen, an anderer Stelle neue Teile anzufügen. Die Grundrisse der Einzelgebäude sind jedoch reine Geometrie, d. h. Rechteck, Quadrat und in den weitaus meisten Fällen der Kreis, der im Lehmbau die größte Stabilität des darauf errichteten Gebäudes garantiert. Die spontane bauliche Reaktion der Menschen auf das Leben im Gehöft unter Verwendung der Baustoffe und Techniken, die die Natur anbietet, führt wohl unvermeidlich zu architektonischen Lösungen, die wir als „organisch in die Natur eingefügt" empfinden (s. Bild S. 9).

Ähnliches kann über die Architektur der Siedlungen im marokkanischen Atlas gesagt werden. Die Grundrisse der Kasbas zeigen eine Strenge und Geometrie, die nur mit der der Stauferburgen im südlichen Italien verglichen werden können: Der quadratische Innenhof liegt in der Mitte eines quadratischen Baukörpers, der wiederum von vier quadratischen Ecktürmen flankiert wird. Ganz klar wird der Bau von der Natur abgesetzt. Der rechte Winkel – wohl der „un-natürlichste" den es gibt – spielt dabei eine bedeutende Rolle. Wie bei den Gehöften südlich der Sahara führt die Gruppierung der Einzelgebäude aber wieder – man kann sagen zufällig – zu einem Gesamtgrundriß, der sich mit der Umgebung verklammert.

Das Ksar läßt oft selbst diese Zufälligkeit nicht zu, sondern zwingt die Gesamtbebauung in eine klare geometrische Form, die von einer Mauer umgeben und nur durch wenige Tore durchbrochen wird. Diese Maßnahme zur Abwehr äußerer Feinde bedeutet zugleich die totale Abwendung von der Natur.

### 1.2.2 *Der Baukörper*

Die strenge Geometrie der Grundrisse wird im Baukörper selbst konsequent fortgesetzt. Südlich der Sahara finden wir auf dem kreisrunden Grundriß den runden Baukörper mit Flachdach oder Kegeldach (meist aus Gras, Ried oder Stroh), die Musgum bauen auf dem Kreis ihre annähernd halb-elliptischen Lehmkuppeln, die Bamiléké Kameruns setzen auf kubische Unterbauten hohe Kegeldächer. Selbst in der Höhe werden die Hütten kaum gestaffelt, allenfalls das Versammlungshaus oder die Hütte des Familien- oder Dorfältesten ragen über die anderen hinaus. Ohne niedrigere Schutzdächer, Getreidespeicher, Viehställe und Umfassungsmauern würden die Gehöfte ein monotones Bild bieten (s. Bild S. 117 o. l.).

In den Siedlungen der Sahara und Marokkos fehlt der Kreis als Grundrißform völlig. Wo immer der Zuschnitt des Grundstücks es erlaubt, wird der rechte Winkel benutzt. Daraus ergeben sich kubische Baukörper, die wiederum durch den rechten Winkel optisch bestimmt werden. Erst bei den Dächern werden andere geometrische Formen verwendet: die große Halbkugel oder eingeschnürte Halbkugel als Kuppel der Moschee, die kleine Halbkugel in der Reihung als Kuppel über Gebeträumen oder im Privathaus, das Tonnengewölbe

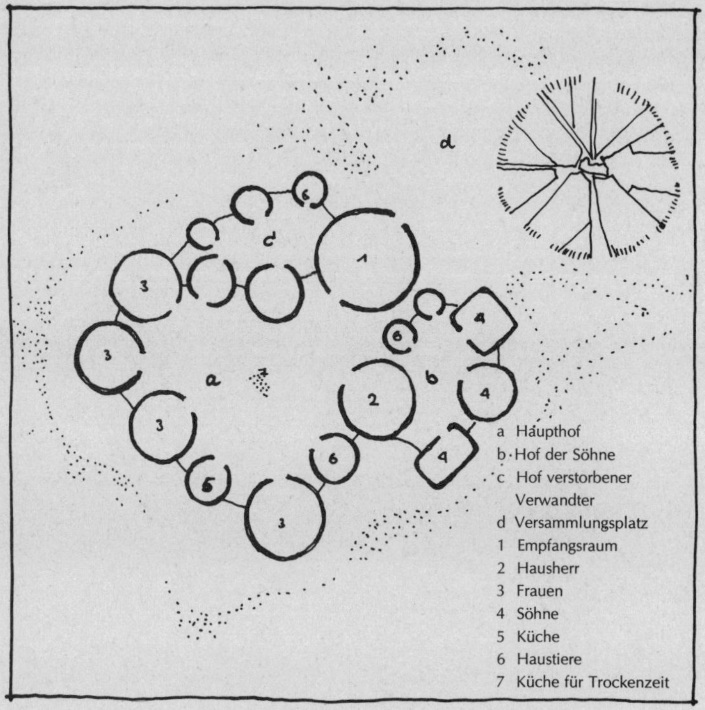


Typisches schwarzafrikanisches Gehöft (nach Lit. 11, S. 33)

in langgestreckter Form wie z. B. in El-Oued, die Pyramide über dem Quadrat bei manchen marokkanischen Bauten (s. Bild S. 52 o.).

Beherrschend ist in den meisten Siedlungen der Kubus als freistehender oder aneinander- oder ineinandergeschobener Körper. Daraus ergibt sich zwar ein lebendiges, optisch interessantes Bild, das aber letztlich beherrscht wird von strengen vertikalen oder horizontalen Linien – beide in der Natur kaum vorhanden –, manchmal unterbrochen von der Schräge eines äußeren Treppenaufgangs. Wir sind also konfrontiert mit einer Architektur, die sich in Grundriß und Baukörper – ob bewußt oder unbewußt – klar von der Natur absetzt, durch Verwendung kühler geometrischer Grundformen auf jegliche Anbiederung bei der Umgebung verzichtet. Das

Typische Silhouette einer marokkanischen Kasba

gilt besonders, wenn durch einen weißen Anstrich die Baukörper auch farblich von ihrer natürlichen Umgebung abgehoben werden.

Dennoch empfinden wir viele Beispiele der Lehmarchitektur als gut in die Natur eingefügt. Warum das so ist, mag vielleicht eine nähere Betrachtung der Oberflächen und Wände der Gebäude beantworten.

### 1.2.3 *Die Wand*

Die Hütten der Schwarzafrikaner sind zwar in ihrer Grundstruktur geometrisch, doch wird die dadurch bedingte Strenge des Bauwerks durch die Details der Durchführung gemildert. Die Höhe der Gebäude bleibt immer auf die natürlichen konstruktiven Möglichkeiten, d. h. auf ein natürliches Maß beschränkt. Wichtig ist, daß die aufsteigenden Wände nie vertikal, sondern immer leicht zum Inneren des Bauwerks hin geneigt sind. Das nimmt der Vertikalen das Absolute und läßt das Gebäude gleichsam aus dem Boden wachsen. Dieser Eindruck wird noch verstärkt, wenn die Wände aus Material errichtet wurden, das man in nächster Umgebung fand und das daher die gleiche Farbe und Struktur wie der Boden hat (s. Bild S. 65). Aber selbst, wenn die Wände verputzt und eingefärbt werden, wird das meist mit den Farben geschehen, die in der Erde ringsum oder in den Pflanzen zu finden sind. Es handelt sich dabei immer um gedeckte Farben, nicht um grelle Produkte der chemischen Industrie. Auch die Dächer nehmen, soweit sie mit organischen Materialien gedeckt sind, die Farben der Umgebung auf und haben die natürliche Struktur der eng stehenden Schilfrohre. In ihrer Form vermeiden die Kegeldächer harte horizontale Dachkanten und erlauben durch ihre schräg abfallenden Dachlinien eine opti-

Vertikale und horizontale Kanten im islamischen Stadtbild

sche Verklammerung des Bauwerks mit der Umgebung. Selbst die horizontalen Flachdächer der Rundhütten bieten dem Betrachter von unten nicht eine Folge gerader Linien, sondern geschwungener Formen, die nicht die Härte eines gezeichneten Aufrisses haben. Hinzu kommen die vielen anderen Elemente, die aus einer Ansammlung von Häusern erst ein Gehöft machen: die großen und kleinen Getreidespeicher, höhere und tiefere Mauern, Schattendächer aus Strohmatten, Fetischsteine, Viehställe. Die daraus resultierende Kleinteiligkeit, das Ensemble aus Körpern, die aus dem gleichen Stoff wie die Natur ringsum geschaffen wurden und die dem Licht vielfältige Möglichkeiten der Schattenbildung bieten, sind wohl wesentlich für die Einordnung in die Umgebung. Ein Blick auf die Kuppeldächer der Musgum, die sich weiß gestrichen rigoros von der Umgebung absetzen und auf die das oben Gesagte weitgehend nicht zutrifft, bestätigt diese Beobachtung.

Nördlich der Sahelzone beherrschten die ebene Wand und das flache Dach das Erscheinungsbild der Häuser und Siedlungen. Dennoch trifft hier vieles zu, was auch bei den schwarzafrikanischen Gehöften beobachtet werden kann. Abgesehen von den extrem hohen Kasbas Südmarokkos bleibt auch hier die Höhe der Gebäude begrenzt. Auch hier sind vertikale Wände nie ganz vertikal, sondern schwach geneigt. Es gibt keine langen, geraden Wände (s. Bilder S. 10 u. 11). Vor- und Rücksprünge sorgen immer wieder für Gliederung durch senkrechte Kanten, die im grellen Licht Schatten werfen (s. Bild S. 60). Dem Material Lehm entsprechend sind diese Kanten nie ganz rechtwinklig, sondern eher rund geformt. Das weitgehende Fehlen von Fenstern und Türen verstärkt in Einklang mit der Verwendung des natürlichen Materials den Eindruck einer natürlich gewachsenen Fläche, die in sich nie ganz gerade ist, sondern besonders im Streiflicht ihre lebendigen Unebenheiten zeigt. Da Kalk oder Gips in den meisten Gebieten der Sahara und Südmarokkos in der Natur nicht gefunden werden und deshalb teuer sind, werden die Wände, wenn überhaupt, mit Erdfarben gestrichen, die sich der Umgebung anpassen und nicht glänzen. (Eine bedeutende Ausnahme ist El-Oued im Souf.) Lediglich Türen und Fenster werden manchmal durch farbliche Umrandungen hervorgehoben. In einigen Gebieten, in denen Farbe billiger ist, streicht man die Innenhöfe oder sogar auch die Häuser außen weiß (s. Bild S. 85). Das bleibt jedoch Ausnahme. Die Häuser in den Städten Nordnigerias nehmen hier eine Sonderstellung ein, die eigentlich der moslemischen Tradition, Schmuck eher im Innern des Hauses und nicht zur Straße hin zu zeigen, widerspricht. Doch hier unterliegt die Strenge des Islams der starken schwarzafrikanischen Vorliebe für das Ornament und die Farbe. Erstaunlicherweise sind diese außen reich dekorierten Häuser meistens im Inneren völlig schmucklos. Ein anderer Fall bewußter Gestaltung der Wandfläche sind die gemauerten Ornamente in den obersten Geschossen der Ecktürme mancher Kasbas oder um wichtige Eingänge, z. B. Stadttore (s. Bilder S. 47 u. 60). Aber selbst die in alten islamischen Großstädten häufigen geschnitzten Holzerker fehlen im Straßenbild der eher ländlichen Siedlungen des Atlas, der Sahara und der Sahelzone.

Eine andere Form der Dekoration, die zugleich Bedeutung für den Baukörper selbst hat, ist die Auflösung längerer horizontaler Gesimskanten. Das kann entweder durch aufgesetzte Zinnen und Türmchen geschehen oder durch den Abschluß der Wand mit einem Streifen durchbrochenen Mauerwerks, der für einen weicheren Übergang zwischen dem massiven Baukörper und dem Himmel sorgt (s. Bild S. 85). Diese Art der Dekoration finden wir in ausgeprägter Form bei den Moscheen Malis. Dort ragen die schweren, dicht gestellten Wandvorlagen, die die Wand vertikal gliedern, über das Dach hinaus und enden in kleinen Pyramiden. Abgesehen davon, daß das zusätzliche Gewicht der Stabilität der Konstruktion hilft, ist die Überhöhung dieser Bauteile sicherlich aus architektonischen und vielleicht auch religiösen Gründen gewollt. Auch die eigenartigen Zinnen, die der Stadtbewohner der Sahelzone auf die Ecken seiner Häuser setzt, mögen ebenso eine dekorative als auch mystische Begründung haben (s. Bild S. 107). Sicherlich spielen auch hier konstruktive Gesichtspunkte mit: Das vergrößerte Gewicht stabilisiert die Ecke des Gebäudes, die im rechtwinkligen Lehmbau durch Auseinanderbrechen gefährdet ist.

In der Gestalt der Bauten und Siedlungen Marokkos, der Sahara und der Sahelzone gelingt also die Auflösung eines Widerspruchs: Trotz der großen künstlichen Strenge der Grundrisse und der baukörperlichen Großform gelingt die Einordnung in die natürliche Umgebung durch Proportionierung der Gebäude, Wahl der Baumaterialien und Gestaltung der Details. Der Begriff „gelingen" setzt bewußte Anstrengung und Willen bei den Bauenden voraus, wo vielleicht „nur" Intuition vorhanden ist. Die Gebäude werden auch natürlich, weil sie mit den natürlichen Mitteln ihrer Umgebung entstehen. Ein weiteres Faktum hilft der Lehmarchitektur, sich in die Natur einzufügen: Sie setzt schnell Patina an, beginnt schnell zu bröckeln, zeigt an den Wänden Spuren von Erosion, die auch auf dem natürlich gewachsenen Boden zu sehen sind (s. Bild S. 116). Im finalen Stadium des Zerfalls eines Lehmhauses ist oft schwer festzustellen, ob eine Fläche noch Wand oder schon wieder Natur ist (s. Bild S. 61 o. l.).

Ein Teil unserer Begeisterung für die Lehmarchitektur ist sicher darauf zurückzuführen, daß wir die Baustoffsammlungen an unseren Häusern leid sind und unsere Augen sich erholen können an Bauten, deren Böden, Wände und Dächer aus nur einem Material geformt wurden.

Die modernen Tendenzen im Bauen in den südlichen Gebieten Marokkos zeigen jedoch die Störung der Kontinuität der Bautradition, sobald man nicht ausschließlich die am Ort gewachsenen Konstruktionen mit den dort vorhandenen Materialien weiterentwickelt. Man könnte sogar sagen, daß moderne Techniken den Bewohnern endlich nach Jahrhunderten die Möglichkeit bieten, nach der diese vermutlich schon immer gesucht haben, nämlich ihre Häuser klar gegen die Natur abzusetzen. Anders als wir Kinder Rousseaus in den gemäßigten Zonen, hegen die Bewohner tropischer Regionen, besonders solcher, die nicht nur ein widriges Klima sondern auch arme Böden haben, keine freundlichen Gefühle der Natur gegenüber. Sie sind eigentlich nicht daran interessiert, aus ihrem Haus ein Stück jener Natur zu machen, gegen die sie sich täglich erneut durchsetzen müssen.

## 1.3 DIE INNERE STRUKTUR

### 1.3.1 *Das Gehöft*

Es ist nicht möglich, an dieser Stelle die unglaubliche Vielfalt der schwarzafrikanischen Lehmarchitektur zu beschreiben. Vielmehr sollen einige der für uns interessantesten Charakteristika, die den meisten der Gehöfte eigen sind, dargestellt werden. So schwierig es ist, eine afrikanische Familie zu definieren – es gibt fließende Übergänge von einzelnen unverheirateten Kindern bis zur Großsippe mit 200–300 Personen –, so schwierig ist es, mit Hilfe unserer Begriffe zu bestimmen, wo die Hauptgruppe der Kleinfamilie aufhört und die Siedlung bzw. das Dorf beginnt – besonders, wenn dieses zwar 400 Personen umfaßt, aber doch wieder nur aus einem Haus besteht, wie z. B. bei den Gonjas in Seripe (Nordghana).

Voraussetzung für die äußere Struktur der Gehöfte der Sahelzone ist, daß genügend Land zur Bebauung zur Verfügung steht, im Gegensatz zu den Oasen der Sahara und den Flußoasen Marokkos. Die Gehöfte können sich – den Bedürfnissen der Bewohner folgend – nach allen Seiten ausdehnen. Das besonders auch, weil zwischen den Gehöften große Flächen freigelassen werden. Somit besteht die Möglichkeit, auf alle Veränderungen der Familie oder Sippe baulich zu reagieren: Werden mehr Gebäude benötigt, weil die Familie gewachsen ist, so werden diese außen an das bestehende Gehöft angefügt. Das geschieht meist in Form von Einzelgebäuden, die durch eine Mauer miteinander verbunden werden und zusammen mit den älteren Gebäuden bzw. Mauern einen neuen Innenhof bilden, der für das Leben der Bewohner mindestens so wichtig ist wie die ihn umstehenden Gebäude. Werden Gebäude nicht mehr benötigt, so läßt man sie zerfallen oder reißt sie ab und verwendet das Material an anderer Stelle. Beobachtungen über mehrere Jahre haben gezeigt, daß das „elastische" Haus nicht nur eine theoretische Möglichkeit ist, sondern daß sich die Gehöfte wirklich ständig in Umfang und Form ändern.

Zu diesem Charakteristikum äußerer Erweiterbarkeit kommt bei den Flachdach-Siedlungen der nördlichen Sahelzone noch eine weitere Eigenart: Durch das Raum-an-Raum-Bauen entstehen Gebilde größerer baulicher Dichte. Die dadurch bedingte Beschränkung der Erweiterbarkeit nach außen wird ausgeglichen durch eine hohe Variabilität im Inneren der Gebäude. Eine besondere Form der Konstruktion (nicht die Wände, sondern freistehende Stützen tragen das Dach) erlaubt, jederzeit an jeder Stelle der Mauer eine Tür zu brechen und sich Zugang zu einem benachbarten anderen Raum zu verschaffen. So entstehen im Gebäude ständig heikle nutzungsrechtliche Änderungen, die vom Familien- oder Sippenrat nach uralten Regeln vorab gebilligt werden müssen.

Hier ist die Antwort gefunden auf eine bei uns noch ungelöste Frage. Auch wir haben wachsende und schrumpfende Familien, die entweder zu eng oder auf zu großen Flächen wohnen und doch nicht umziehen, weil damit meist Kosten und der Verlust einer Wohnumgebung verbunden sind, an die man sich gewöhnt hat. Die vielen Entwürfe der 60er Jahre, die versuchten, mit der „plug-in-city" dieses Problem zu lösen, haben sich nicht realisieren lassen. Unsere Häuser sind immer noch räumliche Zwangsjacken, die Bewegung nicht oder nur begrenzt zulassen.

Struktur islamischer Wohngebiete

## 1.3.2 *Kasba, Ksar und Stadt*

Angesichts der umfangreichen Literatur über die islamische Stadt ist es nicht nötig, noch einmal ihre historische Entwicklung darzustellen. Hier soll die Erwähnung einiger typischer Eigenarten lediglich dazu dienen, das urbane Lehmhaus in seiner Konzeption und Konstruktion verständlich zu machen und im Zusammenhang der Gesamtstadt zu sehen.

Die Charakteristika der islamischen Stadt sind in islamischen Ansiedlungen jeder Größe zu finden, sie werden allenfalls variiert, aber nicht grundsätzlich aufgegeben. Sie gelten für die Kasba ebenso wie für das Ksar unterschiedlicher Größe oder die Städte der südlichen Sahelzone. Sie bestimmen darüber hinaus das Erscheinungsbild aller islamischen Städte in Nordafrika, im Nahen und Mittleren Osten und an der afrikanischen Ostküste.

Das wesentliche Charakteristikum der islamischen Stadt ist die außerordentliche bauliche Dichte, in der kaum öffentliche Flächen freigelassen werden. Alle Grundstücke, ob in privater oder nicht-privater Hand, werden ohne Grenzabstände und ohne Freiflächen zu lassen überbaut (s. Bilder S. 85 u. S. 106). Die Länge und Breite der Gassen und Straßen wird auf das notwendige Minimum reduziert. Große öffentliche Plätze oder Parks sind kaum vorhanden. Ihre Funktion übernehmen eine Vielzahl von kleineren Straßenerweiterungen oder kleinen Plätzen am Schnittpunkt mehrerer Straßen. Sie sind zugleich Mittelpunkt ihrer Nachbarschaften. Straßen und Gassen laufen nicht gerade, sondern sind immer wieder gebrochen oder versetzt (s. Bild S. 14). Die Bewohner verfügen über eine ganze Hierarchie von Innen- und Außenräumen, die ihren religiösen und sozialen Bedürfnissen entsprechen. Sie sind primär bestimmt durch den Grad, in dem man in diesen Räumen der Öffentlichkeit exponiert ist. Das eigene Haus (dessen Struktur unter 2.1 dargestellt wird) liegt idealerweise mit einigen anderen Häusern von Familien- oder Sippenangehörigen an einer Sackgasse. Sie bildet einen zu diesen Häusern gehörenden öffentlichen Freiraum, der nur selten von Nicht-Anwohnern betreten wird. Die Sackgasse mündet mit anderen zusammen in eine kleinere Gasse, die bereits Durchgangsverkehr hat, z. B. von Quartier zu Quartier, und an der eine kleine Moschee sowie die Läden und Werkstätten liegen, die den täglichen Bedarf der Nachbarschaft decken. Diese Gasse wiederum mag in eine Straße führen, die bereits Bedeutung für die Funktion der gesamten Stadt hat, die z. B. die Hauptmoschee und den Markt mit anderen Stadtteilen verbindet. Die Sackgasse wird von den Anwohnern als eine Ausweitung des privaten Freiraums in den öffentlichen Bereich betrachtet. Man kontrolliert sie strikt und verwehrt z. B. Fremden den Eintritt. Manche dieser Gassen werden von den Anwohnern abends mit einer Tür verschlossen, obgleich sie eigentlich öffentliche Verkehrsfläche sind. Diese Art von halblegaler Verfügung über öffentliche Flächen kann auch in anderen Gassen beobachtet werden, wo Händler mit Billigung der Nachbarn Teile der Verkehrsfläche zuerst vorübergehend, dann permanent für ihre Auslagen benutzen und später ihren Laden in die Gasse hinein erweitern.

Die Straßen sind so eng, daß nur selten ein Sonnenstrahl hineinfällt (s. Bild S. 87). Zudem ragen die Häuser von beiden Seiten über die Gasse hinaus, oder sie ist sogar überbaut und bildet einen Durchgang. Wo die Gassen breiter sind, sorgen ausgespannte Schilfmatten oder Stoffbahnen für den nötigen Schatten. Daß es in diesem Klima quälend ist, breite, der Sonne ausgesetzte Straßen oder Plätze zu begehen, hat sicher mit dazu beigetragen, sie nicht zu bauen. Die berühmten „maurischen Gärten" fehlen im Stadtbild. Sie waren ein Privileg fürstlicher oder sehr reicher bürgerlicher Familien, die es sich leisten konnten in diesem Klima einen Garten zu erhalten. Allenfalls findet man einzelne Bäume an markanten Punkten, Pflanzen werden in Töpfen und Kübeln gezogen, in denen sie leicht zu pflegen und zu wässern sind. Diese Technik wurde zu einer Blüte entwickelt, die keinen Wunsch nach Blumenbeeten und Rasenflächen aufkommen läßt. Das Plätschern einzelner kleiner Brunnen an Hauswänden oder im Mittelpunkt von Innenhöfen suggeriert Kühle.

So ist die islamische Stadt eine perfekte Antwort auf das Klima, auf das religiöse Leben und die sozialen Bedürfnisse ihrer Bewohner. Erst die Konfrontation mit dem 20. Jahrhundert läßt an ihren Qualitäten zweifeln. Die Häuser können nicht mit Autos erreicht werden, die reicheren Leute ziehen also aus den traditionellen Stadtkernen aus. Es gibt keine Freiflächen für Freizeit- und Sporteinrichtungen, die Wohnungen haben bei großer Dichte (bis zu 1200 Einwohner pro Hektar) oft nicht genügend Licht und Luft, die sanitären Bedingungen genügen nicht den neueren hygienischen Ansprüchen. Die lebendige Mischung von Wohnen, Handel und Produktion führt zu gegenseitigen Einwirkungen, die heute zunehmend als hinderlich empfunden werden.

Aber gerade die Vielfalt des täglichen Lebens fasziniert uns an der islamischen Stadt. Während wir alle Funktionen sauber trennen (Wohnen, Produktion, Handel, Verwaltung, Erholung) und zusätzlich besondere Ghettos für Alte und Junge schaffen und damit eine gefährliche Leblosigkeit in unseren Städten erreichen, bietet ein Gang durch die islamische Stadt einen optischen Querschnitt durch beinahe alle Bereiche menschlichen Lebens und menschlichen Tuns. Der Architekt und Stadtplaner vermerkt mit Verwunderung, daß die unglaubliche visuelle Vielfalt der Stadt mit eigentlich nur einem Gebäudetyp erreicht wird: dem Gebäude mit Innenhof und ringsum angeordneten Hallen oder Räumen. Daraus wird sowohl das private Wohnhaus als auch die Moschee, sowohl die Koranschule (Medersa) als auch das Hotel (Karawanserei) entwickelt. Obgleich wir mit Bauaufgaben konfrontiert sind, die in der traditionellen orientalischen Stadt nicht vorkamen (z. B. Theater, Hallenbäder, Sporthallen, Verwaltungsgebäude), Bahnhöfe), nimmt sich die Verbissenheit, mit der bei uns ständig ein „neuer Gebäudetyp" entwickelt wird, darum fremdartig aus, weil sie weniger aus der Sache als vielmehr aus der Psyche der Machenden – gemeint sind nicht nur die Planer, sondern besonders auch die Bauherren – zu erklären ist.

# 2. Das urbane Haus

## 2.1 INNERER AUFBAU

Das islamische Stadthaus ist ein Innenhof- oder Atriumhaus. Seine Entstehung zu datieren ist nicht möglich, denn es ist eine der Urerfindungen der Menschheit. Vielleicht kam es aus dem Zweistromland, einer alten Wiege urbaner Kultur. Sicher ist, daß vom Atriumhaus des Vorderen Orients Einflüsse auf das griechische und römische Stadt- und Landhaus ausgingen. Das Innenhofkonzept bleibt nicht auf die islamische Welt beschränkt. Es wurde überall verwendet, wo man Umwelteinflüsse auf das Leben im Haus abwehren und doch nicht auf einen geschützten Platz unter freiem Himmel verzichten wollte. So findet man Innenhöfe in den Bauernhäusern Nepals und Dänemarks ebenso wie in Südhessen, bei den Stadtbewohnern Westafrikas ebenso wie in den Städten Lateinamerikas, die Colleges in Cambridge haben ebenso Innenhöfe wie die mittelalterlichen Burgen und die Schlösser der Renaissance und des Barock.

Nirgends jedoch fand das Innenhofhaus solche Verbreitung wie in der islamischen Welt. Dafür gibt es zwei Gründe: Die vom Koran gebotene Abwendung der Familie, besonders der Frauen, von der Öffentlichkeit und der Schutz vor dem trockenheißen Wüstenklima, dem die meisten von Moslems bewohnten Regionen ausgesetzt sind. Beiden Anforderungen entspricht das Haus so vollkommen, daß es beinahe nicht verbessert werden könnte. Es gibt natürlich eine Vielzahl von Abwandlungen des Grundthemas Innenhofhaus, bedingt durch Nutzung des Hauses, Zuschnitt des Grundstücks, Lage des Grundstücks, Kapital des Bauherrn, usw. Eine der interessantesten Varianten ist die Kasba Südmarokkos, die unter 2.3 vorgestellt wird. Hier soll ein Prototyp dargestellt werden, der die wichtigsten Merkmale zeigt (s. Bild S. 17).

Das wichtigste Charakteristikum des islamischen Innenhofhauses und der islamischen Stadt ist, daß die Häuser das gesamte vorhandene Grundstück ausfüllen, d. h. es bleibt außer dem Innenhof kein Teil des Grundstücks unbebaut. Das nicht etwa, weil im Laufe der Jahrhunderte die ursprünglich lockere Bebauung zusammengewachsen ist, sondern weil das Konzept, die Häuser eng zu packen und nur nach innen zu orientieren, von Beginn der Besiedlung an verfolgt wird. Somit haben die Häuser nur eine Außenseite, nämlich die Eingangsfront zur Straße. Die Fenster des Erdgeschosses sind klein und liegen über der Augenhöhe der Passanten. Die größeren Fenster des Obergeschosses – oft in Form von Erkern – sind dicht mit Holzgittern geschlossen. Das Haus betritt man durch einen relativ engen Gang, an dem an einer Seite das Empfangszimmer des Hausherrn liegt. Nur bis hierher gelangt der normale Besucher, der nicht mit der Familie verwandt oder sehr eng befreundet ist. Der Gang führt weiter in den Innenhof. Dabei wird er so abgeknickt, daß Fremden auch ein zufälliger Blick in den Hof unmöglich ist.

Der Dachausschnitt des Innenhofes ist quadratisch oder rechteckig und immer rechtwinklig, so polygon auch die Räume um ihn herum sein mögen. Nur selten hat der Innenhof Ausbuchtungen. Der Boden des Hofes liegt eine Stufe tiefer als die ihn umgebenden Räume, so daß bei stärkeren Gewittern das Regenwasser unter Kontrolle bleibt. In reicheren Häusern ist die Mitte des Hofes mit einem kleinen Brunnen geschmückt. Rings um den Hof liegen im Erdgeschoß teils gedeckte, aber zum Hof hin offene Hallen (Diwane), teils geschlossene Aufenthaltsräume. Auch befindet sich hier – nahe beim Empfangsraum – die Küche. In einer Ecke des Grundstücks sind die Treppe zu den Obergeschossen und die Toilette untergebracht. In manchen Gebieten, z. B. des Irak, ist ein Teil des Hauses unterkellert. Dort wird während der extrem heißen Jahreszeit tagsüber gewohnt. Gemäß seiner klimatischen Funktion (s. 2.2) ist der Innenhof im Querschnitt meist eher ein Schacht als eine nach oben weit geöffnete Fläche. Im Erdgeschoß hält sich die Familie tagsüber auf. Sie hat dabei die Möglichkeit, sich ganz im Freien (d. h. im Hof), unter einem gedeckten Freisitzplatz (im Diwan) oder in einem geschlossenen Raum aufzuhalten.

Ist der Hausherr Händler oder Handwerker, so werden sich im Erdgeschoß noch Läden, Lager und Werkstätten befinden,

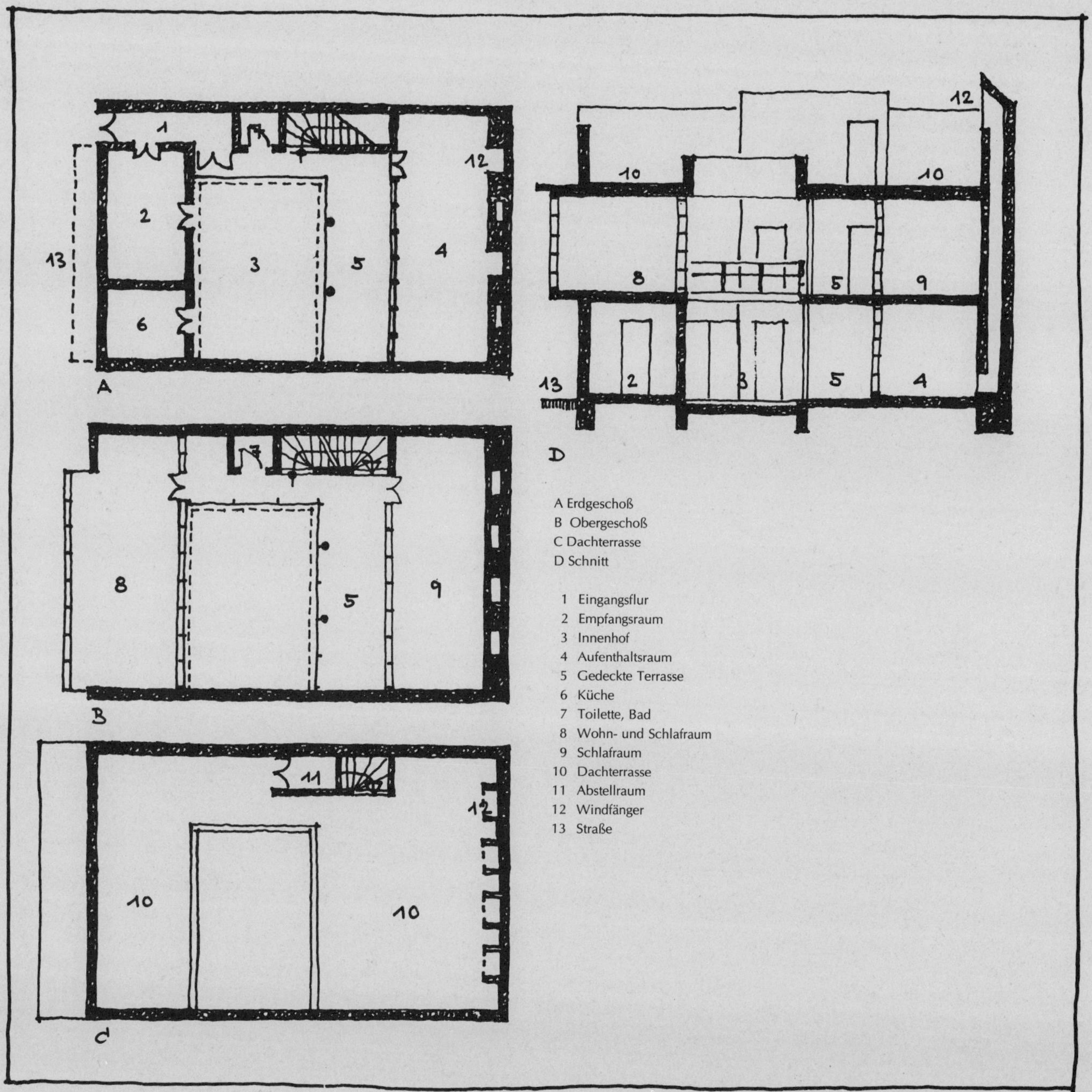


A Erdgeschoß
B Obergeschoß
C Dachterrasse
D Schnitt

1 Eingangsflur
2 Empfangsraum
3 Innenhof
4 Aufenthaltsraum
5 Gedeckte Terrasse
6 Küche
7 Toilette, Bad
8 Wohn- und Schlafraum
9 Schlafraum
10 Dachterrasse
11 Abstellraum
12 Windfänger
13 Straße

Innenhofhaus (nach Lit. 10, S. 93–95)

ist er Bauer, so gruppieren sich Ställe und Vorratskammern um einen zweiten Innenhof, der nicht dem Wohnen dient. Aber auch der zweite Wohnhof ist nicht ungewöhnlich: Im Sudan ist ein weiterer Hof, der nur den Frauen des Hauses vorbehalten ist, weit verbreitet.

Das Obergeschoß wird nie von Menschen betreten, die nicht zur Familie gehören. Muß bei Anlaß eines Festes mit vielen Gästen der Innenhof auch von Fremden benutzt werden, so finden die Frauen im Obergeschoß Zuflucht vor neugierigen Blicken. Zur Straße hin kragt das Geschoß etwas aus. Hier befindet sich der große Aufenthaltsraum, dessen geheimnisvolles Holzfenster man von der Straße sieht. Über eine umlaufende, gedeckte Galerie gelangt man in die Schlafräume, zur Toilette und zum Bad.

Die Treppe führt weiter auf das Dach, das für das Leben der Familie zu bestimmten Jahreszeiten große Bedeutung hat. Hier sitzt man nach den kalten Nächten des Winterhalbjahres in der wärmenden Morgensonne, während der heißen Nächte des Sommers schläft die Familie hier oben. Die Dächer sind durch hohe Mauern gegen Einblicke geschützt; sie sind eigentlich ein zweites Obergeschoß ohne Dach. Von dort kann man in der heißen Jahreszeit ein Schattensegel, das auf einer dicken Stange aufgerollt zu beiden Seiten auf der Brüstung aufliegt, über die Öffnung des Innenhofs spannen. In der beengten Situation der Innenstädte, die keine horizontale Erweiterung des Hauses erlaubt, werden die Flachdächer aufgestockt, wenn zusätzlicher Bedarf an Räumen entsteht. Die Dächer dieser Räume benutzt man dann wiederum als Dachterrassen.

## 2.2 HAUS UND KLIMA

Die größte Verbreitung findet das Innenhof-Lehmhaus im trockenheißen Klimagürtel zwischen 15 °–35 ° nördlicher Breite. Es ist eine Zone häufigen Hochdrucks und geringer relativer Luftfeuchtigkeit, deren unbewölkter Himmel zu extrem hohen täglichen Temperaturschwankungen führt: während des Tages hohe Temperaturen durch ungetrübte Sonneneinstrahlung, während der Nacht – besonders in den Stunden kurz vor Sonnenaufgang – niedrige Temperaturen, da die Erde schnell ihre Wärme an den unbewölkten Nachthimmel abgibt. Die Temperaturschwankungen ergeben zusammen mit der Sonneneinstrahlung in unterschiedlichen Gebieten starke Winde, die oft Staub und sogar Sand transportieren und auch wegen ihrer Hitze und Trockenheit unangenehm sind. In einigen Wüstengebieten regnet es nie, doch die meisten Regionen haben Gewitter oder sogar kürzere Regenzeiten, meist während unserer Wintermonate. In höheren Lagen, z. B. Marokkos, der Türkei oder Irans, können die Niederschläge auch als Schnee fallen. Die Temperaturen sinken in solchen Gebieten im Winterhalbjahr oft unter 0 ° C. Die trockenheißen Gebiete sind aber gekennzeichnet durch Temperaturen, die im Jahresdurchschnitt zwar sehr hoch sind, aber doch im Lauf des Tages und saisonal sehr stark schwanken. Auf diesem Charakteristikum beruht die klimatische Konzeption des Innenhofhauses.

In einem Klima, in dem die Hitze das primäre Problem ist, geht es darum, die Sonneneinstrahlung auf das Haus weitgehend zu vermeiden. Das bedeutet besonders eine Reduzierung der Dachflächen, die die größte Hitzelast erhalten. Im Innenhofhaus geschieht das nicht durch horizontale Ausbreitung, sondern durch Stapelung der Räume, d. h. durch Mehrgeschossigkeit des Hauses. Nach dem Dach erhalten Ost- und Westwände die größte Temperaturbelastung, die man durch dichtes Zusammenstellen bzw. Zusammenbauen der Häuser reduziert. Ost- und Westwände des Innenhofs werden durch die jeweils gegenüberliegende nahe Wand vor zu langer Einstrahlung und Aufheizung geschützt. Fensteröffnungen hält man so klein wie möglich. Damit ist eine der beiden wichtigen Forderungen für die natürliche Klimatisierung des Innenhofhauses erfüllt: die Reduzierung des Wärmegewinns durch direkte Sonneneinstrahlung. Die andere Forderung lautet: Ausnutzung der tiefen Temperaturen der Nacht (s. Bild S. 19). Die kompakte Bauweise des Hauses und die städtebauliche Struktur verhindern die Sonneneinstrahlung auf die meisten Bauteile, setzen sie jedoch den tiefen Nachttemperaturen aus. Die ausgekühlten Wände, Decken und Böden sind dann während des Tages in der Lage, Wärme aus ihrer Umgebung aufzunehmen. Den Wärmefluß vom Menschen hin zur kälteren Masse der Umgebung empfinden wir als Kühle. Die Wirkung ist um so stärker, je höher das Temperaturgefälle zwischen Körper und Bauteil ist, um so geringer, je mehr sich die Temperatur des Bauteils der Oberflächentemperatur der menschlichen Haut annähert. Dünne Wände und Decken würden sich in ihrer Temperatur sehr schnell der Umgebung anpassen (wie z. B. bei Holzbaracken oder im Extrem bei Zelten) und damit nur für kurze Zeit klimatisierend wirken. Wichtig ist es also, den Bauteilen möglichst große Masse mit hoher Temperaturspeicherkapazität zu geben. Maximal erfüllen diese Forderung Keller und Höhlen, deren Wände nie Wärmegewinn durch direkte Sonneneinstrahlung erhalten. Sie sind nur der Lufttemperatur ausgesetzt. Die Temperatur ihrer großen Masse pendelt sich langsam etwa auf die Durchschnittstemperatur zwischen Tag und Nacht oder bei Höhlen und Tiefkellern sogar zwischen Sommer und Winter, d. h. auf die Jahresdurchschnittstemperatur ein und bleibt dort annähernd konstant. Die tiefen, schattigen Räume des Innenhofhauses, die an allen Seiten umbaut und von dikken Mauern umgeben sind, kommen der für das trockenheiße Klima idealen Form des Kellers oder der Höhle sehr nah. Die Temperatur ihrer Wände liegt wesentlich niedriger als die Lufttemperatur des Tages und höher als die der Nacht, d. h. die Wände kühlen während der heißen Zeit und wärmen während der kalten Zeit des Tages. Abgesehen davon wird eine konstante Innenraumtemperatur, die nicht jede Temperaturschwankung der freien Natur mitmacht, von allen Menschen als angenehm empfunden. Es ist ein außerordentlicher Nachteil unserer zwar gut isolierten, aber doch leicht gebauten Fertigteilhäuser, daß sie keine Masse haben, welche die Temperaturschwankungen ausgleicht, die durch das automatische An- und Abschalten der Heizung entstehen. In unseren alten, aus Holz gebauten Bauernhäusern übernahm diese Funktion der massive Kachelofen.

Das gute klimatische Verhalten der Innenräume wird im islamischen Stadthaus sinnvoll ergänzt durch die Eigenschaften des Innenhofs. Voraussetzung für sein klimaregulierendes

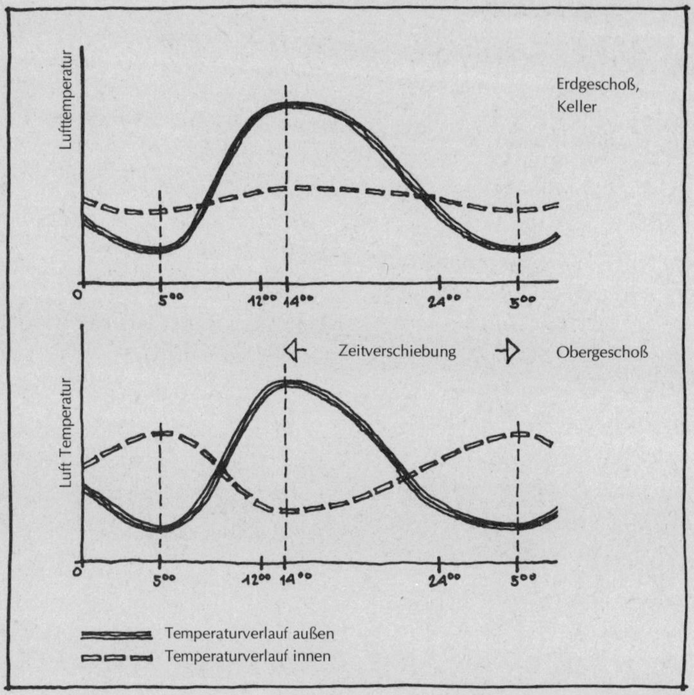

Schema des Temperaturverlaufs im Innenhofhaus

Verhalten ist, daß seine Höhe deutlich größer ist als seine kürzere Seite, d. h. der Hof sollte eher ein Schacht als eine nach oben weit geöffnete Fläche sein. Nur so ist die Beschattung aller seiner Seiten während der längsten Zeit des Tages garantiert. Zusätzlich sollte der Hof in Nord-Süd-Richtung orientiert sein, wenn er nicht quadratisch, sondern rechteckig ist. Die Wirkung des Hofes beruht – wenn diese Bedingungen gegeben sind – auf zwei Fakten: Die kühlen Wände sind in der Lage, Temperaturen von den zwischen ihnen lebenden Menschen aufzunehmen, d. h. kühlend zu wirken. Das zweite Faktum beruht darauf, daß im trockenheißen Klima am dunkelblauen Himmel der Standort der Sonne klar zu definieren ist – anders als im warmfeuchten Klima, wo der gesamte verhangene Himmel Hitze abstrahlt. Der Mensch im trockenheißen Klima hat also die Möglichkeit, sich in den Schatten eines Innenhofes zurückzuziehen und dann überschüssige Körperwärme an den Himmel abzugeben, der hier

– so verwunderlich das klingt – als physikalisch kalter Körper wirkt. Außerdem ist der schachtartige Innenhof während der gesamten Morgenstunden ein Reservoir, in dem sich die kühle Nachtluft sammelt und lange hält. Dazu wird der Boden des Innenhofs, der besonders um die Mittagszeit von der beinahe senkrecht stehenden Sonne aufgeheizt würde, von einem Segel beschattet, das man über die Öffnung des Innenhofs spannt und später wieder aufrollt.

Die Schlafräume des Obergeschosses liegen direkt unter dem flachen Dach, das während des ganzen Tages der extrem hohen Wärmestrahlung der Sonne ausgesetzt ist. Es ist tagsüber kaum möglich, das Dach barfuß zu betreten, Oberflächentemperaturen bis 80 ° C sind normal. Solche Temperaturen müssen Auswirkung auf die darunterliegenden Räume haben. Hier wird es nicht gelingen, die Innentemperatur auf eine Mittellinie einzuregulieren. Schwankungen der Innenraumtemperatur sind unvermeidlich. Die Schlafräume werden vorzugsweise nachts benutzt, wenn die Temperaturen im Wüstenklima 25 ° – 30 ° unter die Tageshöchsttemperaturen fallen und als unangenehm niedrig empfunden werden, auch wenn sie vielleicht noch bei +10 ° C liegen. Aber auch für dieses Problem haben die Baumeister des traditionellen Lehmhauses eine Lösung gefunden: Sie wählen Decke und Wände des Obergeschosses in einer solchen Stärke, daß die auftreffende Wärme eine bestimmte Zeit – meist 8 – 12 Stunden – benötigt, um die Konstruktion zu durchdringen. Sie tritt also gerade dann an der Innenseite aus, wenn die Lufttemperatur ihren tiefsten Stand erreicht, d. h. in der Nacht zwischen 2 Uhr und Sonnenaufgang. Dabei wird die Temperatur auf 30 % – 25 % ihrer ursprünglichen Höhe reduziert. Es ist ein konstruktiver Balanceakt, das richtige Verhältnis zwischen Material und Materialstärke zu finden: Schwere Materialien transportieren Temperaturen schnell, leichte Materialien verzögern den Wärmedurchgang. Es gilt, das richtige Material in der richtigen Stärke zu verwenden, um den gewünschten Effekt, d. h. den Wärmeaustritt zur gewünschten Zeit und in der richtigen Höhe zu erreichen. So wirkt die Konstruktion als Speicherheizung, die die Räume dann wärmt, wenn es am nötigsten ist.

Bei der kompakten Bauweise der Innenhofhäuser ist die Durchlüftung der Räume – besonders im Erdgeschoß – nicht leicht zu erreichen. Die große Höhe der Räume ergibt zwar ein großes Raumvolumen, aber dennoch sind sie oft stickig und feucht. In den meisten Gegenden wird das als unabänderlich hingenommen, man bewohnt die Räume nur im Sommer, wenn die Witterung sehr trocken ist oder überläßt sie ganz den Haustieren als Ställe und wohnt nur in den Obergeschossen. In anderen Regionen versucht man, Querlüftung durch ein System von Belüftungskanälen zu erreichen: Windfänger auf dem Dach – ähnlich denen, die man auf Schiffen hat – leiten den Luftstrom durch vertikale Kanäle, die in den Wänden liegen, in die Räume. Dort treten sie durch Öffnungen in Bodenhöhe, nämlich dort wo man sitzt, aus. Der Wind wird durch die kalten Wände des Mauerwerks gekühlt. Durchlässige, feuchte Wasserkrüge, die man in die Kanäle hängt, kühlen die Luft zusätzlich durch Verdunstungskälte und erhöhen die relative Luftfeuchtigkeit.

Neben diesen wichtigsten Mitteln zur Klimatisierung des Hauses, deren Wirkungen physisch meßbar sind, gibt es einige andere Möglichkeiten, die eher auf die Psyche der Bewohner wirken. Im Innenausbau verwendet man gerne kühle Farben: weiß, grün, blau, türkis. Gekachelte Wände und Böden sind aus mehreren Gründen beliebt: Ihre reflektierende Oberfläche suggeriert Kühle, ähnlich wie die des Wassers, die Kacheln lassen sich leicht säubern und sie haben eine hohe Wärmeleitfähigkeit, d. h. sie sind kühl, wenn man mit ihnen in Berührung kommt. Auch die Kacheln werden meist in kühlen Farben gehalten (s. Bild S. 53). Kleine Brunnen haben die doppelte Wirkung, die Luftfeuchtigkeit angenehm zu erhöhen und durch ihr Plätschern den Eindruck von Kühle zu vermitteln. Auch Grünpflanzen, die stets in großen Kübeln oder kleinen Töpfen gezogen werden, beschatten den Boden und erhöhen durch ihre Verdunstung die relative Luftfeuchtigkeit.

So ist das traditionelle Innenhofhaus ein perfektes System gegen das trockenheiße Wüstenklima. Seine großen Vorteile zeigen sich erst, wenn man im gleichen Klima beim Versuch modernistischer Varianten alles wegläßt, was man als traditionell und damit rückständig empfindet. Die kritiklose Übernahme der Entwicklung im Wohnhausbau der Industrieländer hat in trockenheißen Ländern zur Mode der freistehenden Villa geführt (natürlich ohne Innenhof). Da man aber parallel dazu weder das Klima ändern konnte noch die sozialen Gewohnheiten ändern wollte, brachten diese Häuser außer Prestigegewinn durch oberflächliche Demonstration von Fortschrittlichkeit nur katastrophale Lebensbedingungen, besonders für die Frauen. Ihr Aufenthalt ist immer noch primär im Haus, hier jedoch nicht in kühlen Innenhöfen, sondern in stickigen Innenräumen, durch deren zu große Fenster die Sonne ihre Hitze schickt.

## 2.3 KASBA – SONDERFORM DES INNENHOFHAUSES

Betrachtet man die Kasba in ihrer heutigen Form, so scheint es zweifelhaft, ob sie, wie viele andere Varianten des orientalischen Atriumhauses, auch ihren Ursprung irgendwo im alten Wohnhaus des Zwischenstromlandes hat. Zu sehr ist sie burgartig, auf Verteidigung konzipiert, zu unterschiedlich ist hier die Funktion des zentralen Luftraums (s. Bild S. 21).

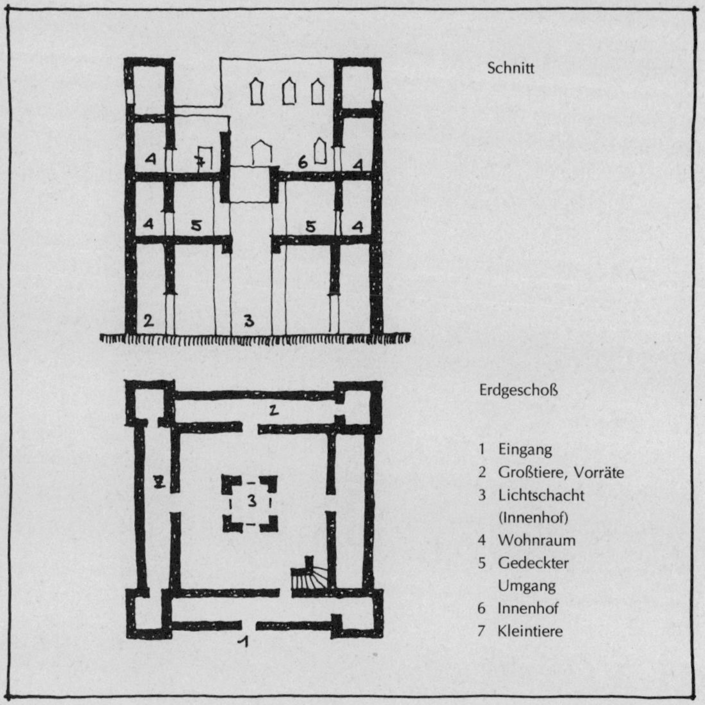


Schematische Darstellung einer Kasba (nach Lit. 1, S. 94, 95)

Die typische Kasba ist ein quadratischer Bau von 20 – 30 m Seitenlänge. An allen vier Ecken wird er von einem quadratischen Turm flankiert, der leicht aus der Fassade herausgerückt ist, sich aber sonst weniger im Grundriß als in der Ansicht zeigt. Kernstück des Hauses ist ein quadratischer Innenhof, der jedoch in Länge und Breite so reduziert ist, daß man ihn eigentlich nur noch als Lichtschacht bezeichnen kann: Bei einer Höhe von 10 – 15 m weist er eine Grundfläche von ca. 2 x 2 m auf. Erst in den oberen Geschossen mag er sich trichterförmig weiten und dann wirklich als Innenhof wirken. Die Nutzung des Hauses wird von baukonstruktiven und städtebaulichen Faktoren diktiert: Da einerseits die Technik, das Aufsteigen von Feuchtigkeit im Mauerwerk zu verhindern, unbekannt ist, und andererseits das dichte Zusammenpacken der Gebäude aus klimatischen, wirtschaftlichen und verteidigungstechnischen Gründen unumgänglich ist, was eine gute Durchlüftung des Erdgeschosses unmöglich macht, sind die Räume des Erdgeschosses in der Kasba feucht und nicht zum längeren Aufenthalt von Menschen geeignet. Daher hält man dort Großtiere und hebt Geräte auf. Im ersten Obergeschoß lagert man verderbliche Güter, z. B. die Ernte. Manchmal befinden sich hier auch schon Wohnräume. Im zweiten Obergeschoß weitet sich der Lichtschacht zum Innenhof. Dieses Geschoß wird ähnlich benutzt wie das Erdgeschoß des normalen Atriumhauses. Das dritte Obergeschoß weist oft nur noch Räume in den Ecktürmen auf, die gerne als Gästezimmer verwendet werden. Die Räume unter den Flachdächern werden nur während der trockenen Sommermonate bewohnt, da im Winter die Feuchtigkeit von Regen und Schnee durch die Lehmdecken in die Zimmer eindringt. Die Dachterrassen sind jedoch wichtige Elemente im Leben

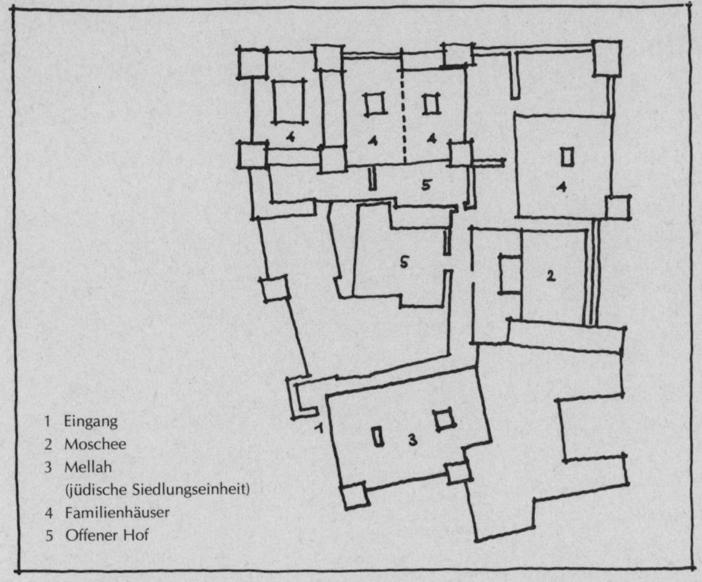


Die Kasba Al-Kebbabi
(nach Lit 1, S. 95)

der Bewohner: Auf ihnen wird die Ernte getrocknet, hier hält man das Kleinvieh und morgens kann man hier in der wärmenden Sonne sitzen.

Die Kasba wird nur gering mit Ornamenten geschmückt. Bei den reicheren Häusern finden sich gemauerte Nischen mit traditioneller Ornamentik an den Außenfassaden der Ecktürme (s. Bilder S. 57 u. S. 60). Türen und Fenster weisen in einigen Fällen bescheidene Holzschnitzereien auf. Die Innenräume der Obergeschosse wurden früher gegen Unterkunft, Verpflegung und geringes Entgelt von wandernden Künstlern ausgemalt. Aber auch das bleibt die Ausnahme. Die typische Kasba macht einen wuchtigen und in ihrer Baumasse lebendigen, aber doch bäuerlich-strengen und kargen Eindruck.

Werden mehrere Kasbas eng zueinandergestellt, so entsteht ein Wehrdorf, das „Ksar" genannt wird (s. Bild S. 22). Die einzelnen Kasbas bilden mit ihren hohen geschlossenen Außenwänden die Wehrmauer. Nur ein Tor führt in das Dorf. Von dort erschließt eine Sackgasse alle Gebäude. Oft ist diese sogar auf ihre ganze Länge überdeckt oder überbaut und weitet sich nur an einer Stelle zu einem kleinen zentralen Platz, an dem auch die Moschee liegt. Schon in dieser kleinsten Siedlungseinheit sind also alle wichtigen Elemente islamischen Städtebaus enthalten.

## 2.4. STÄDTEBAULICHE ASPEKTE

Das islamische Innenhofhaus ist ein Element, das in seiner Addierung und Gruppierung zu städtebaulichen Strukturen führt, die in mehrfacher Hinsicht auch für uns interessant sind. Das angelsächsische Ideal für die Planung von Wohngebieten, kurz mit „low rise – high density" (niedrige Höhe – hohe Dichte) charakterisiert, ist in der islamischen Stadt verwirklicht.

Der Verzicht auf private Garten- und Grünflächen und die Konzentration auf den Innenhof erlauben es, das Atriumhaus an drei Seiten zu umbauen. So werden mit diesen niedrigen Wohnhäusern Dichten erreicht, die selbst für unsere vielgeschossigen Wohnblocks, die große Freiflächen außen und Treppenhäuser sowie Personen- und Lastenaufzüge innen erfordern, außerhalb aller Möglichkeiten liegen. Trotz der hohen Dichte haben alle Familien einen kleinen Freiraum zu ebener Erde und direkten Kontakt zum öffentlichen Verkehrsraum, was besonders für Kinder wichtig ist. Im Gegensatz zu einem Balkon im 12. Obergeschoß, der immer zu klein und zu windig ist, kann man den Innenhof im Sommer als zusätzlichen Wohnraum benutzen, da er geschützt ist und eine genügend große Fläche bietet. In der Unwirtlichkeit unserer Städte haben die Bewohner eines Atriumhauses trotz ihres kleinen Grundstücks die Möglichkeit, sich ein kleines privates Stück Freifläche mit Hängematte, Kletterrose und einem Beet für Petersilie und Tulpen zu schaffen. Sie müssen nicht, wie die Bewohner der Standard-Siedlungen mit den obligaten 3-m-Grenzabständen, große Freiflächen um ihr Haus herum pflegen, die nur Mühe und Geld kosten und kaum Wohnwert für sie haben, weil sie dort den interessierten Blikken aller Nachbarn ausgesetzt sind. So bietet die Bebauung mit Atriumhäusern auch uns große Vorteile: Sie ermöglicht kleine und darum billige Grundstücke, sie gibt den Bewohnern einen privaten, von außen nicht einsehbaren Freiraum zu ebener Erde, der vielfältig nutzbar ist, sie erlaubt trotz hoher Dichte allen Bewohnern den direkten Kontakt zu Wohnweg und Straße.

In der Situation eines Entwicklungslandes hat das Erreichen einer hohen Dichte hohe wirtschaftliche Bedeutung, denn nur so profitiert eine große Zahl Menschen von einem Minimum an Investitionen in Infrastruktur (Straßen, Wasser, Abwasser, Elektrizität) und das maßlose Wachsen der Städte wird reduziert. Außerdem ist es bisher nicht gelungen, im hochgeschossigen Miethausbau die sozialen und klimatischen Qualitäten des Atriumhauses zu erreichen. Für Menschen mit geringem Einkommen macht der Flachhausbau das eigene Haus erst finanziell erreichbar, da hier die bauliche Selbsthilfe wirksam werden kann, was im mehrgeschossigen Miethausbau weder vom Bauherrn gewünscht noch technisch möglich ist.

Die Dritte Welt entwickelt kaum eigene Modelle für den Wohnungsbau, sondern übernimmt leider – mit einer gewissen Zeitverzögerung – unsere Lösungen. So baut sie heute unseren Städtebau der Jahre 1955–1965, d. h. teils hohe Wohnblöcke für niedrige Einkommensschichten, teils freistehende Einfamilienhäuser für die Bessergestellten. Nachdem wir nun im Wohnungsbau auf die Erde zurückfinden und dichte, aber niedrige Wohngebiete bauen mit nicht befahrbaren Wohnwegen und Fußgängerzonen, darf man im nächsten Jahrzehnt auf einen entsprechenden, diesmal vernünftigen Wandel des Wohnungsbaus in den trockenheißen Gebieten Afrikas und des Nahen und Mittleren Ostens hoffen. Neue Städte in Israel zeigen, daß auch mit traditionellen Elementen Wohngebiete entstehen können, die den Anforderungen unseres Jahrhunderts genügen.

# 3. Die Konstruktionen

Das Material Lehm eignet sich zur Konstruktion aller wesentlichen Elemente des Hauses: Wand, Dach, Bodenplatten, Stütze und Pfeiler. Die Einzelelemente des Lehms beeinflussen seine Qualitäten als Baustoff, z. B. bedeutet ein zu hoher Anteil an Sand mangelnde Festigkeit, ein zu geringer Anteil starke Rissebildung, da der dann überwiegende Ton bei der Austrocknung stark schrumpft. Einfache Methoden geben Auskunft über die Eigenschaft des vorgefundenen Materials: Eine gepreßte Tonkugel darf abflachen, aber nicht in viele Stücke auseinanderbrechen, wenn man sie auf den Boden fallen läßt, in der Hand darf die Kugel weder zerbröseln noch kleben, sie darf auch nicht gleich zerfallen, wenn man sie in Wasser legt, ein zur Probe gefertigter Stein darf schrumpfen, aber keine Risse bekommen. Viele der Nachteile des Lehms kann man durch Zumischung von anderen Materialien vor der Verarbeitung ausgleichen, eins muß jedoch garantiert sein: Das Material darf keine frischen organischen Bestandteile, d. h. Wurzeln, Halme, Äste oder Samen enthalten. Sie würden erneut grünen und wachsen und den Bau zerstören. Auch aus diesem Grund verwendet man gerne die harte Erde der großen Termitenhügel, die absolut frei von allen organischen Beimischungen ist. Besteht diese Möglichkeit nicht, so wird der Lehm in Gruben gewonnen, die unter der Humusschicht der Oberfläche liegen.

Überall, wo man Lehm verwendet, mischt man ihm andere Stoffe bei, um bestimmte Wirkungen zu erreichen: Kleingeschnittenes Stroh oder Heu sollen seine Elastizität, kleine Kiesel und Splitt seine Festigkeit erhöhen, Pflanzensäfte und Urin sollen den Lehm widerstandsfähig gegen Regen machen. Besonders gilt das für die Lehmmischung, mit der das Haus verputzt wird.

Der Natur des Lehms entsprechend sollten alle aus ihm gefertigten Konstruktionen nur auf Druck beansprucht werden. Sobald eine Wand oder eine Decke aus Lehm auf Biegung und damit Zug beansprucht wird, reißt sie sofort, da getrockneter Lehm trotz aller Zusätze nicht sehr elastisch ist. Das ist z. B. das große Problem jener begehbaren Flachdächer aus Lehm, die von Stützen und Trägern gehalten werden. Konstruktiv logisch sind dagegen Gewölbe aus Lehmsteinen, die nur Druck erzeugen und Biegekräfte in den Wänden mit Strebpfeilern abfangen. Erkennt und akzeptiert der Baumeister die Eigenschaften des Lehms, so kann er daraus Konstruktionen und eine vielfältige Formensprache entwickeln, die unverwechselbar der Natur dieses Baustoffs entsprechen.

## 3.1 WÄNDE

Die weitaus größte Anzahl konstruktiver Varianten wurde für die Wand gefunden (s. Bild S. 25). Dabei können zwei Gruppen unterschieden werden: die reine Lehmwand ohne Verwendung anderer Materialien und die Mischkonstruktionen Lehm-Holz und Lehm-Naturstein.

Die „Ur-Konstruktion" des Lehmhauses könnte so beschrieben werden: In der Lehmgrube des Dorfes wird das notwendige Material abgestochen und anschließend zum Bauplatz getragen. Dort wird man Verunreinigungen auslesen und gewünschte Zuschlagstoffe beimischen. Dann wird Wasser zugesetzt und das Ganze sehr lange mit den Beinen gestampft und auf diese Weise vermischt. Der Bauplatz wird von Humus gereinigt und weitgehend geebnet. Auf den festen Boden, d. h. ohne Fundament, wird die erste Reihe Lehm ca. 30 – 40 cm breit und 25 – 20 cm hoch kreisförmig gesetzt (s. Bild S. 25 a). Ehe man die zweite Reihe daraufsetzen kann, muß die erste Reihe antrocknen und damit tragfähig werden. Das dauert je nach Witterung 1 – 2 Tage. Danach wird die nächste Reihe aufgesetzt und so das Haus langsam in die Höhe „getöpfert". Meistens werden die einzelnen Lagen bündig gehalten. Nur die Lobi verzahnen die einzelnen Schichten miteinander, indem die obere Schicht jeweils mit zwei Wülsten die untere umgreift (s. Bild S. 25 b). Das ist nicht nur für die Stabilität des Hauses vorteilhaft, sondern verhindert auch, daß der Regen in langen Bahnen und schnell an der Außenwand herunterläuft und die Wand auswäscht. Eine andere Variante wird von den Massa praktiziert, die in der Hand große Wülste vorformen und diese dann schräg übereinandergelegt vermauern, eine Konstruktion, die ebenfalls die Stabilität der Wand erhöht, besonders, wenn dann die nächste Reihe in die andere Richtung geneigt wird, wie es die Massa tun (s. Bild S. 25 c).

Neben dieser "Ur-Konstruktion" gibt es noch zwei wichtige Alternativen des reinen Lehmbaus: Das Vermauern vorgeformter Lehmteile und die Verarbeitung von Lehm in der Gleitschalung.

Um den Trocknungsprozeß während des Bauens selbst abzukürzen, vermauert man gern Teile aus Lehm, die bereits in der Sonne vorgetrocknet wurden. Das können entweder sogenannte Lehmpatzen sein, d. h. unförmige, etwa kubusartige Lehmklumpen, oder zuckerhutartige Lehmkegel. Sie werden außerhalb des Dorfes nahe bei der Lehmgrube geformt und dort auf großen Freiflächen getrocknet. Danach werden sie zur Baustelle getragen und mit Lehm als Bindemittel vermauert (s. Bild S. 25 d).

Das bekannteste Fertigteil ist jedoch – wie bei uns in den Industrieländern – der Ziegel. Während bei uns der geformte Ziegel unter hohem Energieverbrauch gebrannt wird, verwendet man ihn in den Entwicklungsländern vorzugsweise getrocknet und ungebrannt. Die vorbereitete Lehmmasse wird dazu in Modeln geformt: Mehrere lange Kanthölzer von der Höhe des späteren Ziegels werden auf ebener und sauberer Fläche in einem bestimmten Abstand nebeneinandergelegt und kleinere Bretter zur Trennung der Ziegel in Nuten der Kanthölzer eingeklemmt. Dann wird der Lehm in die Zwischenräume gefüllt und über die Kanthölzer glattgestrichen. Man läßt die Masse antrocknen und hebt dann die Hölzer ab. Die geformten Ziegel bleiben liegen, bis sie endgültig trocken sind. Bei diesem Verfahren werden die Ziegel allerdings nicht sehr maßhaltig. Deshalb verwendet man heute meist kleine Handformen aus Holz, in denen zwei Ziegel zu gleicher Zeit hergestellt werden. In diese Formen wirft man die Lehmbälle mit großer Wucht und verdichtet sie damit. Die Oberfläche wird geglättet, die Form aufgeklappt und an die nächste Stelle

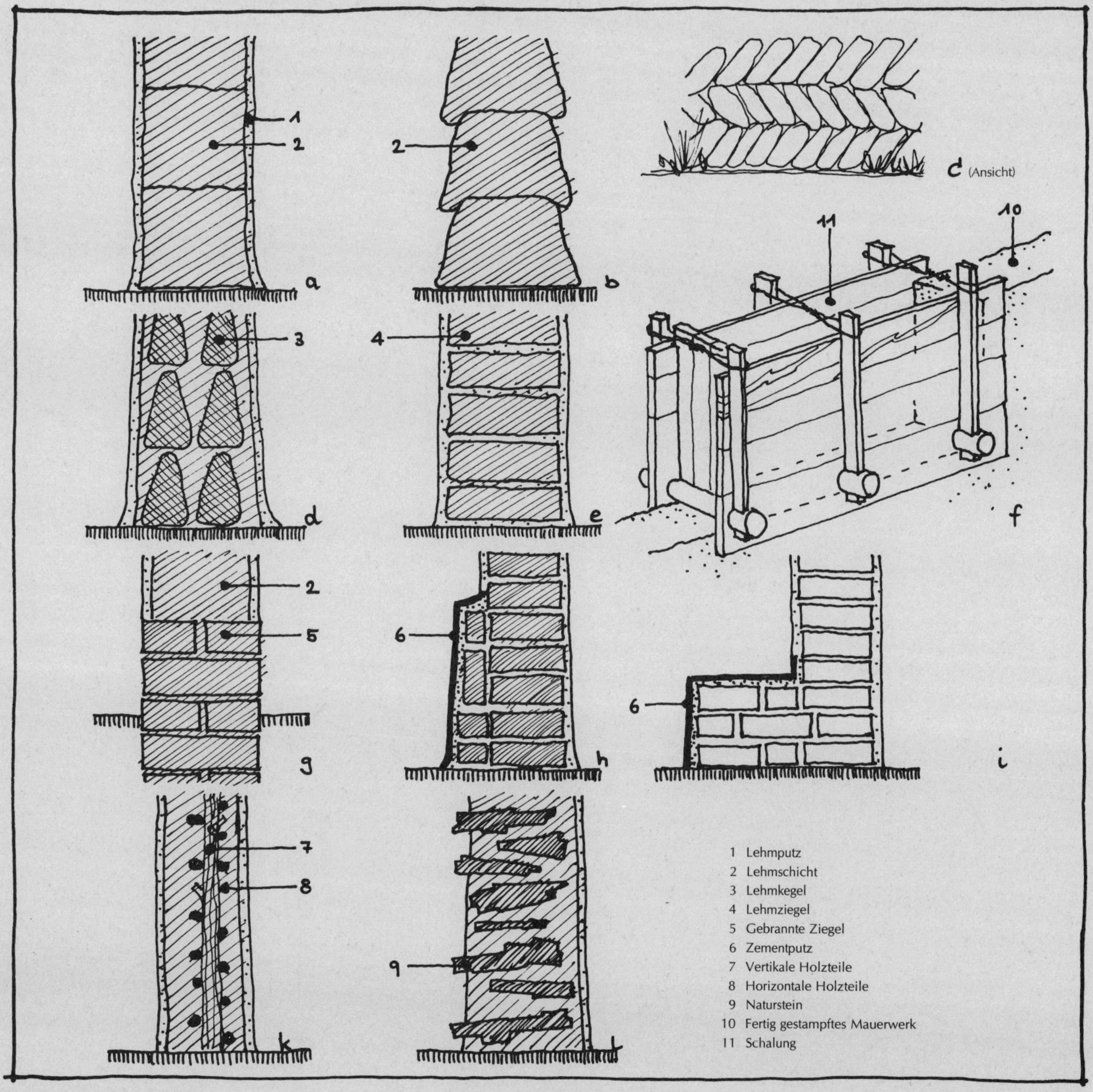


Konstruktionen der Lehmwände

versetzt, während die Ziegel dort, wo sie entstanden, liegenbleiben bis sie ganz getrocknet sind. Dann vermauert man sie mit Lehm (s. Bild S. 25 e).

Ein großer Nachteil aller handgestrichenen Ziegel ist, daß sie zu wenig schwer und dicht und damit nicht sehr druckfest sind. Es wurden daher einfache Ziegelpressen entwickelt, in denen die Ziegel während des Formens zugleich stark verdichtet werden. Die Pressen sind aus Stahl konstruiert, aber transportabel. Sie haben lange Hebel, über die ein Kolben in einer Form die Masse erst verdichtet und dann den fertigen Stein ausdrückt. Die Steine sind schwer und sehr maßgenau. Bei diesem Verfahren kann dem Lehm auch eine ganz geringe Menge Zement beigegeben werden, die den fertigen Ziegel in seiner Qualität beinahe an die Druckfestigkeit eines gebrannten Ziegels heranreichen läßt. Die Universität Kumasi (Ghana) verleiht die von ihr entwickelte ,,Tek-Block-Presse" an Bauwillige, zusammen mit Maßgefäßen und einem Handbuch, in dem einfache Testmethoden und der Produktionsvorgang beschrieben sind (s. Bild S. 27).

Während die Technik der handbetriebenen Ziegelpressen erst vor kurzer Zeit enwickelt wurde, handelt es sich bei der Verdichtung des Lehms in versetzbaren Schalungen um eine sehr alte Technik, die sowohl die Berber in Afrika als auch einige Indianerstämme Amerikas seit jeher kennen (s. Bild S. 25 f).

Die Vorbereitung des Lehms geschieht ähnlich wie bei der Herstellung von Ziegeln, doch bleibt die Mischung nur erdfeucht. Die Masse wird in eine Holzschalung eingebracht, die aus zwei etwa 50 x 150 cm großen Brettern besteht und von Rundhölzern und Knebeln auf die Distanz der Mauerstärke gehalten werden. Mit einem Stampfer aus Stein wird der Lehm dann verdichtet. Gleich anschließend kann die Schalung um die nächste Länge versetzt werden. Die Wände sind sehr glatt und dicht. Da nur wenig Wasser verwendet wird, trocknet die Wand schnell. Ecken und innen anschließende Trennwände werden Schicht um Schicht verzahnt. Die dabei durch die Schalung entstehenden Schlitze bleiben häufig offen. Auf diese Weise entstehen die meisten der 4 – 5geschossigen Kasbas Marokkos. Das Foto auf S. 94 zeigt eine Wand, die mit versetzbarer Schalung hergestellt wurde.

Da der kritische Bereich jeder Wand aus Lehm der Fußpunkt ist, wurden Details entwickelt, die eine Gefährdung der Wand an dieser Stelle verhindern sollen. In einigen Gebieten mauert man ein solides Fundament aus gebrannten Ziegeln oder Natursteinen und führt es bis etwa 30 cm über den Boden hoch. Dann erst setzt die Lehmwand an. So kann fließendes Oberflächenwasser und Spritzwasser den unteren Bereich der gegen Wasser sehr empfindlichen Lehmwand nicht gefährden (s. Bild 25 g). In einigen Fällen wird der Fußpunkt mit einer etwa 50 cm hohen Sockelwand verstärkt, die zwar auch aus Lehm ist, aber mit Zement verputzt wird (s. Bild S. 25 h). Bei den westafrikanischen Stadthäusern umzieht ein mit Zement verputzter Sockel in Art einer Sitzbank, d. h. etwa 50 cm hoch, 50 cm breit, das gesamte Haus (s. Bild S. 25 i u. Bild S. 120 u. r.). Bei manchen Stämmen der Sahelzone werden in die unteren Bereiche der Wand von außen Steine eingedrückt, die das Auswaschen des Fußpunktes verhindern sollen. Werden solche Maßnahmen noch ergänzt durch ein kräftig vorspringendes Dach, das den oberen Teil der Wand vor Regen schützt, so wird die Lebensdauer der Wand erheblich verlängert und der Aufwand für Reparaturen wesentlich reduziert (s. Bild S. 64).

Neben den oben beschriebenen reinen Lehmkonstruktionen sind die Wände aus Lehm und Holz weit verbreitet. Bei dieser Konstruktion können die Wände wesentlich dünner sein als jene, die man nur aus Lehm errichtet (s. Bild S. 25 k). Zuerst werden stärkere Hölzer dort in den Boden gesteckt, wo die Wand entstehen soll, und dann durch ein horizontales Geflecht aus dünnen Zweigen miteinander verbunden. Nachdem auf diese Weise eine Art Korb in der Größe des zukünftigen Hauses entstanden ist, wird das Geflecht auf beiden Seiten mit Lehm verkleidet. In der Wand übernimmt das Geflecht die tragende Funktion, der Lehm ist lediglich Füllmaterial. Entsprechend hängt die Lebensdauer des Hauses sehr von der Stärke und Qualität des verwendeten Holzes und davon ab, ob horizontale und vertikale Teile fest miteinander verbunden sind. Die Lehm-Holz-Konstruktionen werden naturgemäß dort verwendet, wo kleinere Bäume und Buschwerk zur Verfügung stehen, d. h. in Gebieten mit größeren Niederschlägen. Diese häufigen Regenfälle und die Inhomo-

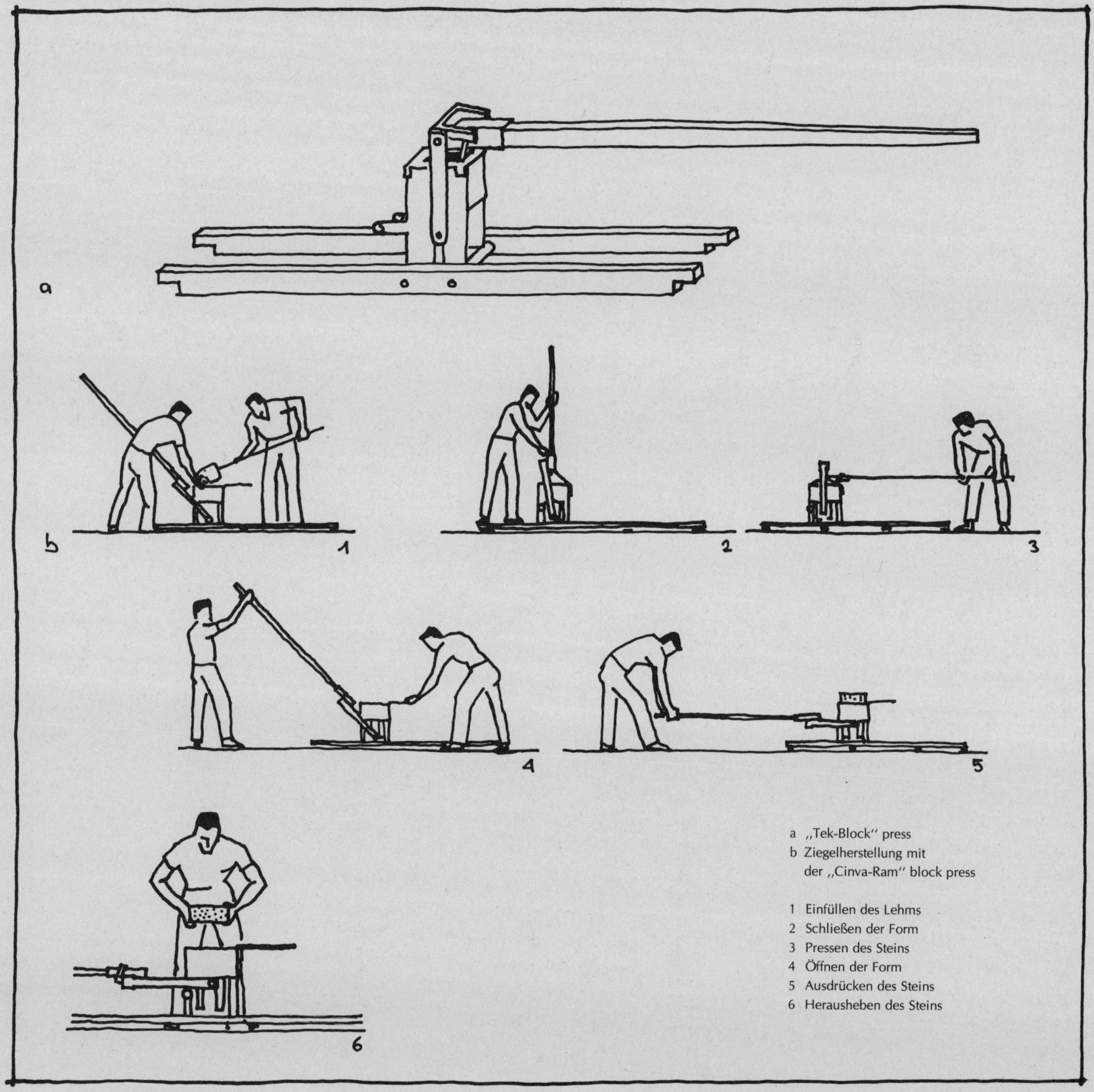


a „Tek-Block" press
b Ziegelherstellung mit der „Cinva-Ram" block press

1 Einfüllen des Lehms
2 Schließen der Form
3 Pressen des Steins
4 Öffnen der Form
5 Ausdrücken des Steins
6 Herausheben des Steins

Herstellung eines Lehmsteins mit der Ziegelpresse

genität der Konstruktion (Holz verhält sich bei Beanspruchung anders als Lehm) führen dazu, daß Lehm-Holz-Gebäude eine geringere Lebensdauer haben als die reinen Lehmkonstruktionen der ariden und semiariden Zonen. Höhepunkt der Lehm-Holz-Architektur sind die Moscheen Malis, in deren Strebepfeilern, Stützen und Wänden Balken und Stämme verborgen sind, die nur in Teilen der Gewölbe sichtbar werden. Hier gelingt es, die Gebäude zu erhalten, weil sie nur einer kurzen Regenzeit ausgesetzt sind und die Reparatur Aufgabe einer großen und geschlossenen Gemeinschaft ist.

In vielen Gegenden, in denen nicht nur Lehm, sondern auch Natursteine gefunden werden, mischt man die beiden Materialien bei der Konstruktion der Wände (s. Bild S. 25l). Das Verhältnis der Mischung hängt von der Art der gefundenen Steine und der erwünschten Wirkung ab. Eine geringe Zumischung von Steinen in die Lehmmasse macht sie schwerer und ,,magert'' sie, d. h. reduziert den Anteil des Tons im Lehm. Im Atlasgebirge wählt man geeignete, meist flache Steine aus und legt sie beim Hochziehen der Wand immer wieder in die Lehmmasse ein. Dabei ragen sie ca. 5 cm aus der Wandfläche heraus. Das ergibt eine größere Festigkeit und verzögert die Zerstörung der Mauer durch Schlagregen. Bei dieser Konstruktion ist der Anteil Lehm immer noch 3 – 4mal größer als der der Steine. Der nächste Schritt vom Lehm- zum Natursteinmauerwerk wird getan, wenn die Natursteine in dicke Lehmschichten eingelegt werden, d. h. der Lehm eigentlich nur noch Bindemittel für das andere Material ist (s. Bild S. 81).

Das Mauerwerk der Speicherburgen ist in dieser Art konstruiert. Die Wände sind außerordentlich schwer und widerstandsfähig, die zurückgesetzen Lehmfugen werden durch den Regen kaum erreicht. Auch ohne ständige Pflege können solche Mauern Jahrzehnte überstehen, besonders dann, wenn durch organische Zusätze der Lehm in den Fugen gehärtet wird.

Sind Mauern und Dach errichtet, so ist es Aufgabe der Frauen, das Gebäude zu verputzen und – falls das der Tradition entspricht – zu schmücken. Die Lehmmischung für den Verputz wird besonders sorgfältig hergestellt, denn sie ist am stärksten dem Wetter ausgesetzt. Die Lebensdauer des Hauses hängt sehr von der Qualität des Verputzes ab. Es wird meist feiner Lehm gewählt, der frei von allen fremden Bestandteilen ist. Er wird mit Zusätzen pflanzlicher oder tierischer Herkunft gemischt, um ihn elastisch und widerstandsfähig zu machen. Die Wissenschaftler der Universität Kumasi (Ghana), die sich sehr um die Verbesserung der Lehmbautechnik bemühen, haben mit der Beimischung von Bitumenöl zum Putz guten Erfolg gehabt. Auch geringe Zugaben von Kalk fördern die Widerstandsfähigkeit des Putzes. Die relativ dünne Mischung tragen die Frauen mit Händen auf die Wand auf. Ornamente werden dabei gleich plastisch angeformt oder – wenn der Putz etwas angetrocknet ist – vorgezeichnet und ausgekratzt. Soll der zukünftige Schmuck nur aus Malerei bestehen, wird die Wand glatt verputzt. Dabei erreicht man Flächen, die so glatt sind, daß sie das Licht reflektieren. Solche Flächen eignen sich nicht nur gut als Untergrund für Farbe, sondern bieten auch dem Regen wenig Angriffsfläche. Auch plastische Ornamente werden meist noch eingefärbt oder, wie z. B. bei den Fetischhäusern des Ashantilandes (Ghana), mit Muscheln oder kleinen Steinen verziert (s. Bild S. 113). Bei einigen Stämmen werden bemalte Porzellanteller in den weichen Lehm des Putzes gedrückt und in die Dekoration der Hütte einbezogen (s. Bilder S. 112 u. S. 115 u.r.).

So kommt der weiche und formbare Lehm dem Hang der Schwarzafrikaner, zu schmücken, zu dekorieren, plastisch zu gestalten und ihren künstlerischen Talenten Ausdruck zu geben, sehr entgegen.

## 3.2 DÄCHER

Die Konstruktion der Dächer richtet sich in der Lehmarchitektur weniger nach den klimatischen Gegebenheiten als nach den zur Verfügung stehenden Baumaterialien. Überall, wo aufgrund größerer und gleichmäßiger Niederschläge Gras und kleinere Gehölze wachsen, konstruiert man daraus die Dächer der Hütten und Häuser. Je weniger Holz zur Verfügung steht, desto mehr geht es in der Dachkonstruktion zurück. Das gewölbte Dach ohne jedes organische Material ist das typische Dach der Wüste, in deren Oasen die Palmen zu

Dachkonstruktionen im Lehmhausbau

kostbar sind, um sie zu Bauholz zu verarbeiten (s. Bild S. 29).

Das typische spitzkegelige Dach der afrikanischen Lehmhütte wird aus organischen Materialien gebaut, d. h. aus dünneren Rundhölzern, Zweigen, Matten, Gras, Schilf oder Stroh. Es kann aber auch nur aus Stroh bestehen, wie z. B. bei den Massa Kameruns, deren Dächer doppelschalig aus Stroh geflochten und dann als Fertigteil auf die Hütte gesetzt werden. Als freitragende Halbschale aus Stroh ist dieses Dach ein konstruktives Meisterwerk. Im Gegensatz hierzu haben die meisten afrikanischen Hütten einen stärkeren Mittelpfosten, auf dem alle Sparren von den Wänden aus zusammenlaufen. Über die Sparren werden kreisförmig dünnere Äste in engem Abstand gezogen und darüber Gras, Schilf oder Stroh dick als Wetterschutz gepackt (s. Bild S. 29 a). Nicht immer ist jedoch das Grasdach nur aus organischen Materialien hergestellt: Die Massa ziehen die Wände ihrer Lehmhütten bis zur Hälfte in den Kegel des Daches hinein und stülpen dann eine Grasschicht als Schutz darüber. Auch freistehende Getreidespeicher, die wie große Gefäße ganz aus Lehm geformt werden, schützt man oft mit einem Grasdach.

In den semi-ariden Zonen nördlich und südlich der Sahara tritt das steile Dach immer weiter hinter dem Flachdach zurück. Die Konstruktion dieses Daches ist eigentlich primitiv, denn Probleme werden durch Masse, nicht durch intelligente bauliche Details gelöst. So wird die Dichtigkeit des Lehmdaches durch die Dicke der Lehmschicht erreicht: Sie wird so dick dimensioniert, daß bei den relativ kurzen Regenschauern das Wasser keine Zeit hat, die ganze Lehmschicht zu durchsickern. Es dringt bis zu einer bestimmten Tiefe ein, dann hört der Regen auf, und das Dach kann wieder trocknen. Dazu ist aber immerhin eine Schicht von 25 – 30 cm Dicke notwendig, deren enormes Gewicht unten abgestützt werden muß. Das geschieht durch Holzstützen, auf denen größere Rundhölzer liegen, die wiederum eine große Zahl kleinerer Hölzer tragen. Darüber bilden geflochtene Matten oder auch Packungen aus losem Stroh den Raumabschluß nach oben. Dann folgt die dicke Lehmschicht (s. Bild S. 52 u.). Nur bei besser ausgebauten Häusern werden die Flachdächer mit gebrannten Bodenplatten abgedeckt. Der einfache Lehmverputz der horizontalen Dachflächen bedarf ständiger Reparaturen. Kleinere Risse dichten sich allerdings von selbst, wenn der Lehm feucht wird und dabei quillt. Beinahe alle Flachdächer in den semi-ariden Zonen müssen über lange Wasserspeier entwässert werden, die früher aus Ton gebrannt waren, heute aber meist aus Blech sind. Es ist wichtig, die Entwässerung des Daches durch Gefälle der Dachoberfläche zu beschleunigen, da sonst die Durchfeuchtung des gesamten Daches droht. Andererseits fördert zu starkes Gefälle die Erosion der Oberfläche.

Normalerweise liegt das Gewicht des Daches im Inneren des Hauses auf Stützen auf, in den Randzonen dagegen werden die Außenwände belastet (s. Bild S. 29 b). Werden die Dächer (oder bei mehrgeschossigen Häusern auch die Geschoßdecken) belastet, so entstehen Zugkräfte an der Außenseite der Lehmwände, die nicht aufgenommen werden können, d. h. die Wände reißen. Dieser typische Bauschaden läßt sich nur dadurch vermeiden, daß die Außenwände keine Last aus horizontalen Bauteilen bekommen, ein Bauprinzip, das bei einigen Stämmen der südlichen Sahelzone bekannt ist (s. 3.3).

Eine hervorragende baukonstruktive Lösung haben die Musgum Kameruns für das Dach gefunden. Sie wohnen in Kuppeln aus Lehm, die Wand und Dach zugleich sind (s. Bild S. 29 d). Die Form der Kuppeln entspricht exakt dem Material Lehm, denn sie ist so, daß keine Zug-, sondern nur Druckkräfte entstehen. Das Material wird außerdem homogen verwendet, dadurch werden innere Spannungen vermieden. In diesem Fall führt jedoch die ständige Erosion der Außenseite durch den Regen zu geringer Lebensdauer der Kuppeln. Heute bauen die Musgum kaum noch ihre Kuppelhäuser, sondern Rundhütten mit Flachdächern, die sich leichter reparieren lassen.

Auch in den ariden Gebieten der Sahara werden Konstruktionen verwendet, die in idealer Weise den vorhandenen Materialien angepaßt sind, nämlich die aus getrockneten Lehmziegeln errichteten gewölbten Dächer. Wie bei den Kuppeln der Musgum handelt es sich hier um Konstruktionen, die der mangelnden Möglichkeit, im Lehmziegelmauerwerk Zug aufzunehmen, Rechnung tragen und daher nur Druck in den Baugliedern zulassen (s. Bild S. 29 e).

Bevorzugte Form der Wölbung sind die langgestreckte Tonne und die flache oder halbrunde Kuppel. Kreuzgewölbe oder Kreuztonnen kommen seltener vor. Die Gewölbe werden auf durchgehende Mauern oder Pfeiler und Bögen aufgesetzt und auf einem Lehrgerüst gemauert. Die Technik beherrscht man teilweise perfekt: Kunstvoll gemauerte Kuppeln läßt man innen unverputzt, um den Mauerverband als Ornament wirken zu lassen, von Kuppel zu Kuppel wird der Verband und damit das Ornament variiert. Oben werden die Kuppeln mit einer Lehmschicht überzogen, die an den Scheitelpunkten dünner ist als an den Fußpunkten. So entsteht eine wellenförmige, weich modellierte Dachlandschaft (s. Bild S. 102 u.). Nur Kuppeln über wichtigen Bauteilen oder über größeren Räumen ragen als Einzelformen erkennbar aus dem Dach hervor. Schwere Strebepfeiler, die, um zusätzliches Gewicht zu gewinnen, oft höher sind als die Dachfläche, helfen Schub der Gewölbe auf das Mauerwerk in die Fundamente abzuleiten.

Die Überdeckung von Räumen mit Gewölben aus ungebrannten Ziegeln ist eine Konstruktion, die in den Entwicklungsländern größte Beachtung finden sollte. Es ist eine der wenigen Konstruktionen, für die man weder importierte Materialien (Zement, Armierungsstahl) noch Holz verwenden muß – das in Zeiten knapper werdender Energie immer wertvoller wird – und zu deren Herstellung keinerlei Energie benötigt wird außer der menschlichen Arbeitskraft und der Sonne.

## 3.3 STÜTZEN UND PFEILER

Charakteristisch für den Lehmbau ist die wuchtige Dimensionierung aller tragenden Bauteile, die durch die geringe Druckfestigkeit des Lehms begründet ist. Besonders bei den Stützen, die frei stehen und deren Abmessungen gut sichtbar sind, fällt der im Verhältnis zur Höhe große Querschnitt auf (s. Bild S. 92 u.r.). Bereits Säulen aus Naturstein, die ja auch nicht auf Biegung beansprucht werden können, würden bei gleicher Belastung schlanker sein, da sie höhere Drucklasten tragen. Stützen aus Beton oder gar Stahl hätten nur den Bruchteil des Querschnitts einer Säule aus Lehmziegeln.

*Strebebögen mit unten in die Zugzone eingelegten Holzprofilen. Foto: Reinhard Werner.*

Im Lehmbau ist die Stütze aus Lehmziegeln als tragendes Element atypisch. Decken lagert man meist auf Wänden auf, die – falls es die Raumfunktion verlangt – allenfalls eine Reihe von Öffnungen haben. Die zwischen ihnen stehenbleibenden Mauerscheiben erlauben wegen ihres Verhältnisses von Breite zu Tiefe kaum die Bezeichnung Stütze. Sind nur geringere vertikale Lasten zu tragen, so verwendet man Holzstützen, die im Grundriß weniger Platz benötigen als die massigen Lehmziegelstützen.

Trotzdem finden sich im Lehmbau immer wieder schlanke Stützen, die in dieser Form eigentlich konstruktiv nicht möglich sind. Wirklich sind in ihnen dann auch Holzstützen oder Bündel von Bambusrohren verborgen (s. Bild S. 31). Ähnlich konstruiert man die schlanken Rippen der Gewölbe malischer Moscheen, die eigentlich nur mit Lehm verkleidete Holzprofile sind. Die unterschiedlichen Eigenschaften beider Materialien und die mangelnde Haftung zwischen Holz und Lehm lassen den Lehm immer wieder vom Holzkern abbröckeln, wenn dieser konstruktiv belastet wird und sich bewegt. Was die Baumeister dennoch immer wieder dazu bringt, Lehm mit Holz zu „armieren", ist nicht bekannt. Es könnten praktische Erwägungen oder auch das ästhetische Vergnügen an der schlanken Proportion der Stützen sein.

Wie in 3.2 beschrieben, haben Mauern, die durch das Gewicht flacher, begehbarer Dächer belastet werden, geringe Lebensdauer, da sie der Biegebeanspruchung nicht standhalten. Die Gonja im Norden Ghanas haben für dieses Porblem eine konstruktive Lösung gefunden, die von der modernen Architektur erst zu Beginn dieses Jahrhunderts entdeckt und in Mies van der Rohes „Barcelona Pavillon" als ein Grundprinzip moderner Architektur gefeiert wurde: Die Trennung von tragendem Element und raumabschließendem Element, d. h. von Stütze und Wand. Die Gonja stellen gleich neben die Lehmwand Holzstützen, auf deren obere Astgabeln die Hauptträger gelegt werden (s. Bild S. 29 c). Sie tragen das Dach, während die Wände unbelastet bleiben. So wird nicht nur die Wand geschont, sondern man hat auch die Möglichkeit, Wände herauszunehmen oder zu versetzen und an jeder Stelle eine Tür zu einem benachbarten Raum zu brechen – wovon die Gonja in ihren sehr komplizierten Sippenhäusern häufig Gebrauch machen.

## 3.4 LEHMBAU UND NATUR

Lehmarchitektur macht einen wuchtigen, massiven Eindruck, die Häuser wirken burgartig, wie für die Ewigkeit gebaut. Dieser Eindruck täuscht jedoch: Lehmhäuser sind zerbrechliche Gebilde, die sich innerhalb weniger Jahre wieder in ihren Urzustand, nämlich ungeformten Lehm, zurückverwandeln, wenn sie nicht ständig gepflegt werden. Die Natur greift die Häuser in vielfältiger Weise an und oft überleben sie den Zeitraum zwischen zwei Reparaturperioden – die meist in die Pausen zwischen den Feldarbeiten oder in die Trockenzeit fallen – nur durch die Massigkeit ihrer Konstruktion.

Der größte Feind des Lehmhauses ist das Wasser. Mag der Lehmziegel auch schon Jahrzehnte alt sein, so wird er doch sofort wieder zu einer weichen Masse, wenn er mit Wasser in Berührung kommt. Obgleich Lehmarchitektur vorzugsweise in Klimazonen zu finden ist, in denen die Trockenzeiten überwiegen, so sind die kurzen Regenperioden mit ihren oft schweren Gewittern doch eine Gefahr für die Häuser: Die Dächer weichen auf, die Fassaden werden von Schlagregen ausgewaschen und – was besonders kritisch ist – die Feuchtigkeit des Erdreichs zieht in die Fundamente und gefährdet dadurch die Stabilität des gesamten Bauwerks: Wenn die unteren Schichten des Mauerwerks durchnäßt werden, halten die Steine keinen Druck mehr aus und das Gebäude fällt in sich zusammen. Das geht besonders schnell, wenn die Grundmauern nicht nur der Feuchtigkeit, sondern sogar stehendem oder fließendem Wasser ausgesetzt sind, wie das bei Überschwemmungen in Flußniederungen oder bei Wolkenbrüchen geschehen kann. Dann fallen Häuser oft so schnell in sich zusammen, daß sie die Bewohner unter sich begraben. Aus diesen Gründen ist die richtige Konstruktion des Fußpunktes des Hauses wichtig für dessen Stabilität und Lebensdauer.

Bei allen Konstruktionen, die tragende Holzteile im Lehmmauerwerk enthalten, gefährden Termiten die Standfestigkeit des Gebäudes. Sie wandern in den porösen Lehmmauern hoch und zerstören die Holzteile. Besonders gefährlich ist, daß dieser Vorgang sich unbemerkt vollzieht. Da das Imprägnieren von Hölzern meist unbekannt ist und termitenfeste Hölzer entweder nicht vorhanden oder als Bauholz zu teuer sind, sollte man Lehm-Holz-Konstruktionen nur in termitenfreien Gegenden errichten. Aber gerade dort, wo solche Konstruktionen weit verbreitet sind, nämlich in den halbfeuchten Regionen Schwarzafrikas, sind Termiten beheimatet und tragen mit zu der geringen Lebensdauer der Gebäude bei.

In den Wüstengebieten, besonders den Randzonen der Oasen sind die Häuser oft starker mechanischer Beanspruchung ausgesetzt. Über die Oberfläche des Bodens treibt der Wind ständig Sand, der die Fußpunkte der Häuser durch Schmirgeln angreift (s. Bild S. 94, Fußpunkt der Mauer rechts). Durch solch ein permanent wirkendes „Sandstrahlgebläse" wird nicht nur weiches Lehmmauerwerk, sondern sogar festes Felsgestein zerstört. Auch die hohen täglichen Temperaturunterschiede führen zu ständig wechselnden Spannungen im Mauerwerk und damit zu Rissen.

Zu katastrophalen Zerstörungen führt jedoch das Unvermögen der Lehmbaukonstruktionen, Biegespannungen aufzunehmen, im Fall von Erdbeben. Viele der Regionen mit überwiegender Lehmarchitektur sind zugleich typische Erdbebengebiete, wie z. B. der Süden Marokkos (Agadir!). Während eines Erdbebens kommen die Stöße auf das Gebäude nicht vertikal, sondern vorzugsweise in horizontaler Richtung: Dem Gebäude wird ruckartig der Boden „unter den Füßen" weggezogen. In diesem Augenblick wird das vertikale Mauerwerk auf Biegung beansprucht. Sie ist um so größer, je größer die Masse und die Höhe des Hauses sind. Eine leichte Holzkonstruktion, die in ihren Verbindungen beweglich wäre, würde zwar schwanken, aber vermutlich nicht zusammenbrechen. Typisch für ein durch Erdbeben zerstörtes Haus ist, daß die vertikalen Wände umgefallen sind und die Decken aufgefächert direkt übereinanderliegen. Die große Masse des Lehmhauses, die unter normalen Umständen wesentliche Voraussetzung für die Stabilität des Gebäudes ist, wirkt sich bei Erdbeben katastrophal aus, weil sie im Zusammenstürzen den Bewohnern keine Chance für das Überleben läßt. Denkt man an eine Weiterentwicklung der Lehmbautechnik, so haben Ingenieure als eine der wichtigsten Voraussetzungen einfache Maßnahmen zur Erdbebenfestigkeit zu entwickeln.

Die vielfältigen Gefahren, denen das Lehmhaus ausgesetzt ist, sollten jedoch nicht vergessen lassen, daß Lehmhäuser sehr alt werden können, wenn das Material Lehm seiner Natur gemäß verwendet wurde und das Haus regelmäßig ein Minimum an Pflege und Kontrolle erfährt.

# 4. EXKURS IN DIE ZUKUNFT

In den ariden und semi-ariden Regionen, den typischen Gebieten der Lehmarchitektur, liegen viele Millionenstädte: Casablanca, Algier, Alexandria, Kairo, bis hin zum pakistanischen Karachi. Viele kleinere Städte verzeichnen, wie die großen, ein rapides Wachstum von 8 – 12 % der Bevölkerung pro Jahr und werden die Millionengrenze bald erreichen. Die landwirtschaftlichen Gebiete sind nicht mehr in der Lage, den aufgrund der besseren ärztlichen Versorgung entstehenden Bevölkerungsüberschuß aufzunehmen. Daher sind die Menschen gezwungen, sich in den Städten neue Existenzmöglichkeiten zu schaffen. Sie benötigen Arbeitsplätze, Einrichtungen der Erziehung und des Gesundheitswesens und Behausungen. Der typische Land-Stadt-Wanderer ist jung, in traditionellen Gesellschaften aufgewachsen, oft analphabetisch, ohne städtische soziale Bindung, ohne Beruf und ohne Kapital. Die Administration kann weder Migration unterbinden noch ist sie finanziell und personell in der Lage, Behausungen zu bauen oder alle anderen durch das schnelle Wachstum verursachten Probleme zu lösen. Diese Faktoren werden, zusammen mit großen weltwirtschaftlichen Entwicklungen, das zukünftige Bild der Städte in den Entwicklungsländern bestimmen.

In vielen Bereichen ist die traditionelle islamische Stadt den Notwendigkeiten der zukünftigen großen Agglomerationen ideal angepaßt:

- Sie ist eine Fußgängerstadt. Die steigenden Rohstoff- und Energiekosten werden das private Auto immer mehr aus der finanziellen Reichweite der weitaus größten Mehrheit der Stadtbewohner rücken.
- Sie wird gemischt genutzt, d. h. Wohnung, Basare und Arbeitsplätze liegen dicht beieinander. Das wiederum reduziert das Verkehrsaufkommen in der Stadt beträchtlich.
- Sie hat eine hohe Einwohnerdichte, d. h. viele Menschen leben eng beieinander. Das spart Boden und reduziert notwendige städtische Infrastruktur, d. h. Investitionen der öffentlichen Hand.

Neu-Kurna, Oberägypten. Foto: Manfred Niermann.

Hotel in Südmarokko, etwa 1965.

– Die hohe Dichte fördert den engen sozialen Zusammenhalt zwischen den Bewohnern und die Entstehung neuer sozialer Gruppierungen, die an die Stelle der alten Großfamilien treten.
– Die spürbaren klimatischen Vorteile werden auch in Zukunft Gültigkeit haben.

Das physische Konzept der traditionellen islamischen Stadt bedarf also allenfalls partieller Modifikationen, um es den Erfordernissen des 21. Jahrhunderts anzupassen.

Das gleiche gilt für das Innenhofhaus. Sein Prinzip hat vor dem Hintergrund der Situation in den urbanen Metropolen der Zukunft außerordentliche Vorteile:
– Das Innenhofhaus garantiert auch bei größter Bevölkerungsdichte den Bewohnern ein Höchstmaß an Privacy und privaten Bewegungsraum unter freiem Himmel.
– Das Innenhofhaus ermöglicht große Bevölkerungsdichten unter Vermeidung der meist in solchen Fällen zu beobachtenden gefährlichen Nachteile.
– Das Innenhofhaus könnte schützende Hülle nicht nur für Kleinfamilien, sondern auch für größere soziale Gruppen neuer Art sein, die den Menschen erst das Überleben in der unübersehbaren Masse ihrer Mitmenschen ermöglichen.
– Die niedrige Bauweise und die Möglichkeit, das zu bebauende Grundstück klar zu definieren, ermöglichen den Einsatz der Selbsthilfe beim Bau. Erst dadurch und durch die Fertigstellung des Hauses in Phasen kommt kontrollierter Wohnungsbau in die Reichweite der städtischen Massen mit niedrigem Einkommen. Dagegen sind erfahrungsgemäß mehrgeschossige Mietwohnungen, die durch Bauunternehmer erstellt und durch Banken finanziert werden, zu teuer, um durch untere Einkommensgruppen bezahlt werden zu können.

*Lehmhaus der 1970er Jahre in der kalifornischen Wüste. Foto: Wolfgang M. Ebert, aus: Home Sweet Dome, Verlag D. Fricke, Frankfurt/M.*

*Haus in San Salvador (El Salvador), ca. 1950. Foto: Manfred Niermann.*

- Die niedrige Bauweise erlaubt die Verwendung traditioneller Materialien, wie z. B. Lehm, die ohne Belastung der Außenhandelsbilanz, d. h. Importe, zu beschaffen sind.
- Das Innenhofkonzept führt zu einer natürlichen Klimatisierung des Hauses ohne mechanische Hilfen, die des Energieeinsatzes bedürfen.

Den großen Vorteilen stehen einige offenkundige Nachteile gegenüber, die vor allem mit der Verwendung des Baustoffs Lehm zusammenhängen. In einer städtischen Gesellschaft gibt es keine arbeitsfreien Perioden, die der Reparatur des Hauses gewidmet werden können. Die Bauforschung müßte also darauf abzielen, das Lehmhaus wetterfester zu machen. Das gilt besonders für die Oberfläche der Dächer und der Wände. Der andere, gravierendere Nachteil betrifft die Erdbebensicherheit des Hauses. Es wird den Konstrukteuren nicht leichtfallen, für dieses Problem Lösungen zu finden, die realistisch, d. h. billig sind. Mit dem Material Lehm allein, ohne Verwendung von Stahlbeton, wird die nötige Festigkeit gegen horizontale Erdbebenschübe kaum zu erreichen sein. Das könnte jedoch das Lehmhaus aus der Reihe der billigen Wohnbaulösungen hinausrücken.

Nicht nur in privaten Wohnhäusern der Dritten Welt wird heute noch Lehm verwendet. Immer wieder gibt es mutige Vorstöße auch im Bereich der offiziellen Architektur. Einer der bekanntesten ist die Planung des ägyptischen Architekten Fathi für New-Kurna, ein neues Dorf im oberägyptischen Niltal. Es wurde um 1950 unter Benutzung traditioneller Techniken und Haustypen erbaut (Bild S. 34 l). Bei einem Hotel in Marokko versuchten die Architekten, Anschluß an die formale Sprache der Kasba-Architektur zu finden. Damit fließen gestalterische Einflüsse nach Nordafrika zurück, die vor sechzig Jahren durch Le Corbusier von Afrika her in die Gestaltung der neuen mitteleuropäischen Architektur eingeführt wurden (Bild S. 34 r). Aus Gründen der Zweckmäßigkeit, aber auch aus Protest gegen die Anpassung und aus geradezu mystischer Liebe zur Erde entstanden Häuser aus Lehm in der kalifornischen Wüste (Bild S. 35 l). Die Gefühle jener, die Planer, Erbauer und Bewohner dieser Häuser in einer Person sind, drückt der Vers von Jim Hubbel aus:

Voll Zärtlichkeit und Leidenschaft
Halten einander
Die Erde und ich. *

Für Millionen Bewohner der ungeplanten Vorstädte in den Metropolen der Entwicklungsländer hat der Lehm, aus dem sie sich ihre Häuser wünschen, nichts Magisches. Es ist das Material, mit dem sie die Karton- und Blechwände ihrer Hütten ersetzen möchten (s. Bild S. 120 u.r.). Oft kann auch das nur ein Übergang zu Wänden aus Betonsteinen oder gebrannten Ziegeln sein, wenn die Bauvorschriften Lehmwände als ,,nur vorübergehendes Provisorium'' einstufen (s. Bild S. 35 r). Doch das sind nur ohnmächtige Versuche der Behörden, mit Hilfe von Verwaltungsvorgängen die Realität zu verdrängen. Bei nüchterner Einschätzung der Entwicklung in der Dritten Welt kann man die Prognose wagen, daß dem Lehm, jenem Baustoff mit großer Vergangenheit, auch ein guter Teil der Zukunft gehören wird.

* *Aus Lit. 2, S. 77*

## LITERATURVERZEICHNIS


1 Stefano Bianca ,,Architektur und Lebensform'' Zürich 1975

2 Wolfgang M. Ebert ,,Home Sweet Dome'' Frankfurt/M. 1978

3 René Gardi ,,Auch im Lehmhaus lässt sich's leben'' Graz 1973

4 Institut für Tropenbau der TH Darmstadt ,,Westafrika '70'' Darmstadt 1970

5 Koenigsberger, Ingersoll, Mayhew, Szokolay ,,Manual of Tropical Housing and Building, Part 1'' London 1973

6 Edward William Lane ,,An Account of the Manners and Customs of the Modern Egyptians'' London 1836, Reprint 1973

7 Jesse S. Okie ,,Block Press Handbook'' Kumasi 1970

8 L'Office de la Recherche Scientifique Outre-Mer ,,L'Habitat au Cameroun'' Paris 1952

9 Paul Oliver (Hrsg.) ,,Shelter in Africa'' London 1971

10 Paul Oliver (Hrsg.) ,,Shelter and Society'' London 1969

11 Labelle Prussin ,,Architecture in Northern Ghana'' Berkeley 1969

12 Michael Swithenbank ,,Ashanti Fetish Houses'' Accra 1969

13 Bernard Rudofsky ,,Architecture without Architects'' London 1964

14 United Nations, Department of Economic and Social Affairs ,,Soil-cement, its use in building'' New York 1964

*Höhlenwohnungen im Quartier Santiago der Stadt Guadix*

*Eingänge zu Höhlenwohnungen in Cuevas del Almanzora*

*Blick über die Höhlenwohnungen des Viertels Santiago zum Stadtzentrum von Guadix*

*Eingänge zu Höhlenwohnungen in Cuevas del Almanzora*

*Die Höhlenwohnungen von CUEVAS DEL ALMANZORA liegen an den Hängen eines tief eingeschnittenen geschwungenen Tales in einer öden, verkarsteten Gegend der Provinz Almeria. Etwa 50 km südlich von Lorca haben die Menschen, vorwiegend Zigeuner, Wohnungen in den Berg gegraben. Die Höhlen bieten im Sommer Schutz vor der Hitze, im Winter halten sie die Winde ab.*

*Eine Wohnung besteht meist aus einem Hauptraum und ein bis zwei Nebenräumen. Elektrisches Licht war zur Zeit meines Besuches 1963 nicht vorhanden. Tageslicht bekommen die Räume durch die Tür und manches Mal durch ein kleines Nebenfenster. Die Wohnungen sind primitiv, besitzen jedoch einen rustikalen Reiz. Man hat den Eindruck, daß die Höhlenbewohner in einer engen Wohngemeinschaft leben.*

*Wesentlich komfortabler sind die Höhlen von GUADIX in der Provinz Granada. Eine an Hieronymus Bosch erinnernde Landschaft aus bizzaren Lößhügeln ist von mehreren Seiten aus unterhöhlt und labyrinthartig von Wohnungen durchzogen. Die Zahl der Wohnungen kann man an den zuckerhutartigen weißen Kaminen ablesen, die bis zu 20 m über den Wohnungen aus den Hügeln ragen und der Landschaft etwas Unwirkliches geben. Die Eingangszonen sind oft verputzt und gekalkt, machmal mit einem Vordach versehen. Ein von der Mauer umschlossener Vorhof oder tennenartige Vorplätze schaffen zusätzlich ein „Zimmer im Freien". Sehr oft ist elektrisches Licht vorhanden. Im Gegensatz zu Cuevas del Almanzora, wo bestenfalls eine Eingangszone gekalkt ist, machen die Höhlenwohnungen von Guadix einen „gestalteten" Eindruck.*

*Man neigt dazu, Höhlenwohnungen Elendsquartieren gleichzusetzen. Hier wäre es ein großer Irrtum. Abgesehen davon, daß die starken klimatischen Schwankungen in den Höhlen besser ausgeglichen werden, sind ihr Wohnwert und vielleicht sogar eine gewisse Wohnkultur den üblichen Häusern in dieser Landschaft gleichzusetzen.*

*Die Höhlen von Cuevas del Almanzora vor der Sierra de las Estancias*

*Bei Guadix ziehen sich die Höhlen mit ihren charakteristischen Kaminen von den Hügeln bis in die Ebene*

*Die Höhleneingänge sind durch fassadenartige, gekalkte Flächen von den Lößhügeln abgesetzt. Manchmal ist ihnen ein gemauerter Vorhof vorgelagert (s. auch S. 44).*

*Guadix*

*Kasba bei Tinerhir*

*Die STRASSE DER KASBAS folgt Jahrhunderte alten Karawanenwegen und verbindet das Dratal mit dem Tafilalt. In der öden, vorsaharischen Landschaft und den vegetationslosen Südhängen des Hohen Atlas stehen die Flußtäler von Dra, Dades und Ziz mit ihrem scharfen Grün in heftigem Kontrast zu dem Braun und Ocker der Berge und den in den Flußtälern eng zusammengedrängten Ksour und Kasbas. Die Kasbas des Dadestales zählen zu den interessantesten von ganz Marokko. Sie sind selbst in den verschiedenen Stadien des Verfalls von großem Reiz. Sie zeichnen sich durch eine außerordentliche Vielfalt aus und sind im Gegensatz zu den Kasbas des Hohen Atlas, die meist Residenzen von Paschas und Scheichs sind, der Herrschaftsbereich einzelner Stammesfürsten. Der Individualismus und das Unabhängigkeitsbedürfnis der Berber findet hier seinen baulichen Ausdruck.*

*Lehmziegelornamentik · Die ehemals scharfen Kanten der luftgetrockneten Lehmziegel sind durch Wind und Regen verwittert.*

Eingangstor des Ksar d'Oulad Abd-el Halim

*Kasba im Dadestal*

*Ksour (Wehrdörfer) bei Tinerhir*

*Die BERBER sind seit dem 4. Jahrtausend vor Christus von Osten in Marokko eingedrungen. Eine dem fälischen und bastischen verwandte Rasse, welche der hamitischen Sprachfamilie angehört. Helles Haar und helle Augenfarbe, scharfe, schmale Nase, hochgewachsen, aber auch klein und dunkelhäutig. Anarchistisch, freiheitsliebend, kriegerisch und sehr stolz, verwandt den Tuareg. Die Griechen bezeichneten sie als Barbaren, in römischer Zeit entstand die Bezeichnung Barbaria, aus dem sich dann der Volksname Berber entwickelte. Etwa 40 % der Bevölkerung spricht Berberdialekte. Man unterscheidet die Berber, die meist in den schwer zugänglichen Gebirgsgegenden wohnen und ihre Sitten und Gebräuche ziemlich rein erhalten haben, von den arabisierten Berbern, die vorwiegend in den Übergangsgebieten zu den großen Ebenen leben.*

*Ksour bei Tinerhir*

*Ksar im Ziztal*

*Eingangstor bei Goulmima*

*Die Kasba von Taourirt*

# MAROKKO · Die Kasba von Telouet

*Wenn man von Marrakesch kommend den Tizi n'Tichka-Paß überquert hat, zweigt links eine Straße ab, die durch ein grünes terrassiertes Tal nach Telouet führt. Neben dem Dorf liegt die Dar Glaoui, die ehemalige Residenz der Kaids Glaoui, die bis Ende der Protektoratszeit Paschas von Marrakesch waren. Die KASBA DE TELOUET, wie sie auch genannt wird, wurde Ende des 19. Jahrhunderts erbaut und beeindruckt mit ihrer Fülle von Türmen und Zinnen, ihren abgewogenen Baukörpern und dem reichen Innenausbau. Der Bau erinnert an unsere großen mittelalterlichen Burgen und hat zur Zeit des Kaids an die 1000 Menschen Unterkunft geboten.*

*Gesamtansicht*

*Die zum Teil eingestürzte Decke macht die Anfälligkeit der Lehmbauten bei mangelnder Pflege offenkundig.*

*Blick in die glasgedeckte Halle. Die gut erhaltene Dachkonstruktion schützt die reiche Innendekoration vor Zerstörung.*

*Blick über die Dächer und Zinnen.*

*Eines der reich ornamentierten schmiedeeisernen Fenster*

# MAROKKO · Ornamente und Strukturen

*Die ornamentale Kraft und die Kreativität der marokkanischen Kunsthandwerker zeigt sich am eindrucksvollsten in den Türen. Selbst moderne Materialien wie aufgeschnittene Konservendosen verarbeitet man zu optisch reizvollem Türschmuck.*

*Der Eckturm einer Kasba mit reicher Ornamentik, die an der Wetterseite schon stark zerstört ist.*

*In die Lehmdächer, die mehrere Gebäudeteile überspannen, sind die Innenhöfe tief eingeschnitten.*

*Blechtür mit einem Dekor aus handgeschmiedeten Nägeln*

*In einer vegetationslosen, steinigen Landschaft, inmitten von Glimmerbergen, die in der Sonnenhitze glitzern, wächst an einem Hang der Ksar AIT BENHADDOU empor. Der unweit des Flusses Oued Assif Melleh gelegene Ksar mit seinen zahlreichen Kasbas ist eines der eindrucksvollsten Wehrdörfer von Marokko.*

*Die Gehöfte der Rif-Kabylen gliedern sich harmonisch in die Landschaft ein*

*Die Dächer bestehen aus einem Stroh-Lehm-Gemisch und werden mit Steinen beschwert.*

*Berberdorf am Tizi n'Tichka-Paß. Die Bebauung folgt der Neigung des Hanges. Das Dach des tieferliegenden Hauses dient dem darüberliegenden als Terrasse.*

*Berberdorf an den Ausläufern des Antiatlas. Die Beschränkung in der Bauhöhe und die Verwendung von Baumaterial aus der unmittelbaren Umgebung haben eine völlige Einpassung der Siedlung in die Umgebung zur Folge.*

# MAROKKO · Das Hochplateau von Imilchil

*In den Hochtälern des Hohen Atlas, oft in Höhen bis zu 2500 m, findet man besonders interessante Beispiele der Berber-Architektur. Nachdem der 2700 m hohe Tighoughizin-Paß nach mühsamer Fahrt überquert ist, öffnet sich der Einschnitt zu einem breiten Tal, in dem AGOUDAL liegt. Grüne Wiesen, geordnete Felder, ein klarer Fluß, weidende Kühe, Maultiere, Schafe, Ziegen und im Hintergrund eine „moderne" Stadt. Auf den Feldern arbeiten Frauen in schwarz-rot gestreiften Kapuzenumhängen, behängt mit Schmuck. Ihre Augen sind schwarzumrandet, auf die Backen sind 5-Markstück-große rote Flecken gemalt. Auf den weiten Plätzen der „Stadt" hocken Männer in Gruppen, in ihre weißen Djelabbas gehüllt.*

*Das Hochplateau von Imilchil*

*Ksar in der Nähe des Tighoughizin-Passes.*

*Alt- und Neubauten im oberen Dadestal. Die Neubauten passen sich technisch und formal den alten Vorbildern an.*

*Haus in Agoudal. Die Frauen vom Stamme der Ait Haddidou tragen die charakteristischen schwarz-roten Kapuzenumhänge.*

*Die starken Niederschläge (Regen und Schnee) erfordern eine gute Entwässerung der Flachdächer durch hölzerne Wasserspeier, die weit über die Fassade vorspringen. Die Zinnen sind durch tönerne Gefäße gegen Verwitterung geschützt.*

*Haus in Agoudal*

*Eine verheiratete Frau der Ait Haddidou mit dem typischen Kapuzenumhang. Selbst bei der Feldarbeit wird die festlich wirkende Kleidung getragen.*

*Nördlich Agoudal. Die Kasbas und die Moschee (im Bild rechts) überragen die umliegende Bebauung.*

*Die in 2000 m Höhe gelegenen Siedlungen liegen oberhalb der Felder und Weiden, die durch den Fluß bewässert werden.* *S. 75: Freistehende Kasba*

*In Agoudal*

*Familienleben in einem Innenhof*

*Frühnebel im Hochtal von Imilchil*

*Die Gegend von TAFRAOUTE ist von besonderer Eigenart und Faszination. Die beängstigend auf den rosa Felsen balancierenden rotweißen Lehmhäuser erinnern an die griechischen Meteoraklöster. Felsformen wie am spanischen Montserat und eine üppige Vegetation mit Palmen und Mandelbäumen überraschen in der sonst eher kargen und wilden Felslandschaft des Antiatlas.*

# MAROKKO · Speicherburgen

*AGADIR TASQUENT – EINE SPEICHERBURG DER BERBER. Die Speicherburgen sind das soziale Zentrum mehrerer Sippen. Ursprünglich Schutz gegen räuberische Nomaden, sind einige von ihnen noch heute intakt und in Betrieb. Um den Bau aus Bruchstein-Mauerwerk führt ein Wehrgang, der zum Felshang hin mit lose aufgelegtem Dornengestrüpp gesichert wird, vor dem Burgtor auf einem kleinen Platz zwei Zisternen. Der Innenhof ist ein etwa 10 Meter hoher unregelmäßig geformter Schacht, an den Wänden reiht sich Tür an Tür, vor die Felsplatten als einzige Zugangsmöglichkeit vorkragen. Die Holztüren sind z. T. kunstvoll mit geometrischen Ornamenten bemalt und mit alten ziselierten Steckschlössern abgesichert. Unter manchen Türen ist ein Loch für die Katzen. Die Türen führen in wabenartige, unregelmäßig geschichtete Speicherräume, in denen die Familien der umliegenden Ksour (Dörfer) Getreide, Schmuck, Waffen und Verträge aufheben. Durch ein unterirdisches System von Gängen und Kammern, gefüllt mit Säcken und großen Ölkrügen, gelangt man in drei weitere Höfe, von denen einer mit einer Zisterne ausgestattet ist. Der Wächter spricht von 350 Kammern.*

*Seite 80:*
*Außenansicht von AGADIR TASQUENT. Agadir bedeutet in der Sprache der Berber Speicherburg. Durch zwei Tore und einen dunklen Gang betritt man den Innenhof. Mit Leichtigkeit werden schwere Lasten über die Trittsteine an den senkrechten Wänden hochgetragen. Da der Lehm nur als Bindemittel für das Bruchsteinmauerwerk benutzt wird, zählen die Speicherburgen eigentlich nur im weiteren Sinne zur Lehmarchitektur.*

*Innenhof*

*Speicherburg über einer Ortschaft. Im Vordergrund Dreschplätze.*

*Im Antiatlas gibt es eine größere Anzahl von Speicherburgen, die in ihrer äußeren Form und im Grundriß völlig unterschiedlich sind.*

*Ornamentierte Eingangstür zu einer der Speicherkammern im Agadir Tasquent. Unter der Türschwelle ein Schlupfloch für die Katzen.*

*GHAT oder Rhat liegt im äußersten Süden Libyens im Sandmeer der libyschen Wüste, ca. 1600 km südlich Tripolis, an den östlichen Ausläufern des Tassili n'Ajjer. Die Oasenstadt zählt mit ihren Nebenoasen etwa 5000 Einwohner, bei der geringen Bevölkerungsdichte des Fezzan eine große Oase. Blickt man von der alten türkischen Festung auf die ineinander verschachtelten Kuben der Wohnhäuser mit ihren Innenhöfen und die schluchtartigen Gassen – oft überdachte Sandwege –, so erschließt sich das Bild einer typischen Saharastadt. Die Bewohner haben die Unwirtlichkeit der Wüste durch eine sinnvolle Bauweise überwunden, Schutz vor Sandstürmen und feindlichen Nomaden geschaffen. Die Häuser sind aus Sand und Wasser geformt und in der Sonne gebacken, haben die Farbe der Wüste und wachsen übergangslos aus der Landschaft. Nur einzelne Bauten, meist Moscheen, sind gekalkt. Im Gegensatz zu den spanischen Höhlenwohnungen sind die Häuser ganz zum Innenhof hin orientiert, da der Islam ein Abschließen des Privatbereichs von der Aussenwelt gebietet. Mehrfach sind die Bauten zweigeschossig. Wegen der Hitze lebt man tagsüber in den Räumen, morgens und abends im Innenhof. Die Toilette ist ein zugemauerter Raum, das Toilettenloch befindet sich auf dem Dach, erreichbar durch eine Außentreppe. Die Sonne läßt die Fäkalien pulverisieren, wobei die Geruchsbelästigung gering ist. Wenn der Raum gefüllt ist, wird er aufgebrochen und der Inhalt zum Düngen der Gärten verwendet.*

*Die Architektur in Ghat ist relativ kunstlos, sieht man von einigen in Lehm geschnittenen Arabesken und der simplen Ornamentik der Mauern und Zinnen ab. Die Aufnahmen entstanden 1965. Inzwischen hat der „Fortschritt" das einheitliche Bild durch moderne Bauten gestört.*

*Seite 86: Der schlechte bauliche Zustand der Gebäude und die Konzentration des täglichen Lebens im Inneren der Häuser läßt oft den Eindruck des Unbewohntseins der Siedlungen aufkommen.*

*Durch die eng zusammenstehenden Häuserwände liegen die Gassen meist im Schatten.*

*Die Spitze des Minaretts mit dem Umgang für den Muezzin.*

*An den Hauseingängen zeigen sich die typischen plastischen Formen der Lehmarchitektur.*

*Auch die Straßenräume – besonders die der Sackgassen – werden in den privaten Lebensbereich einbezogen.*

*Große Teile der Straßen in Ghat sind überdacht. Im Schattenbereich sind oft Ruheplätze.*

*Die Auflösung der Mauerkrone hat neben der ornamentalen Funktion noch den Zweck, die Luftzirkulation zu erleichtern.*

*Eine der wenigen gestalteten Türen in Ghat*

Die Markthalle von In Salah

In Salah wird ständig durch Wanderdünen bedroht.

Zwischen den Mauern der Palmgärten

Die schweren Pfeiler aus Lehmziegeln beherrschen den Innenraum der Markthalle

*DJANET liegt am Fuß des Tassili n'Ajjer, etwa zwei Tagesreisen von Ghat entfernt.*

*Neben dem Handel bilden die Dattelpalmen die Lebensgrundlage der Bewohner*

*Mit sieben Millionen Quadratkilometern ist die Sahara die größte Wüste der Erde. Die Landschaftsstrukturen sind äußerst vielfältig, von monotoner Gleichförmigkeit kann keine Rede sein. Riesige Sandmeere (Ergs) mit einer Farbigkeit, die von Nepalgelb bis zu sattem Rotorange reicht, sind durchsetzt mit kohlschwarzen Bergen; weite, völlig ebene Steinwüsten brechen ab in Erosionslandschaften. Die bizzaren verwitterten Felstürme des Tassili n'Ajjer stehen im Kontrast zu den Basaltschloten des Hoggar. Menschenleere Räume, die selbst von Nomaden gemieden werden, kontrastieren mit lebendiger und dichter Besiedlung in den wasserreichen Gegenden.*

*Gasse in In Salah*

*Eine mächtige Wanderdüne des westlichen Großen Erg bedroht Beni Abbes*
*Eine Oase an der Tanezrouft-Piste*

*Friedhof vor einer Oase an der Tanezrouft-Piste. Sah'ra bedeutet im Arabischen „graugelb" und ist die Farbe des Todes, wird manchesmal sogar im Sinne von Friedhof verwendet. Man muß schon tagelange Wüstenfahrten auf holprigen Pisten durch Treibsand in flimmernder Hitze mitgemacht haben, um zu wissen, was es bedeutet, eine Oase mit grünen Palmen, Wasser, Früchten und festen Behausungen zu erreichen. Nach tagelanger Einsamkeit wieder Menschen zu begegnen, kann ein Erlebnis sein, das in europäischen Breiten nicht mehr vorstellbar ist.*

*Grabstätte eines Heiligen*

*In der Landschaft des M'Zab wohnen die MOZABITEN, Nachfahren strenggläubiger Berber, die sich nach manchen Umwegen hier niederließen. Sie bauten fünf Städte: Melika, Beni Isguen, Bou Noura, El Aktheuf und als Hauptstadt GHARDAIA. Ghardaia liegt auf einem Hügel und wird von einem pyramidenförmigen Minarett gekrönt. Der Architekt Le Corbusier hat öfter die Städte des M'Zab besucht und war voller Bewunderung für Ihre Architektur und Städteplanung.*

*Beni Isguen (Foto Reinhard Werner)*

*Am Stadtrand von El-Oued*

*Kuppeln und Tonnen über einem Gebäude von El Oued*

Verputzte und unverputzte Gipskuppeln.

*EL OUED ist die Hauptstadt des Souf, eine der interessantesten Oasenkonzentrationen Nordafrikas. Das Souf liegt nordwestlich der Dünenlandschaft des Großen Erg und ist, obwohl Teil des größten Flugsandgebietes der Sahara, erstaunlich dicht besiedelt. Ermöglicht wird dies durch einen Grundwasserstrom, der vermutlich am Rand des Großen Östlichen Erg entspringt, nordwestlich fließt und im Schott Melrhir verdampft. Die Soufa haben riesige Trichter gegraben und darin ihre Palmen gepflanzt. Bis zu mehreren Hundert wachsen in solchen Trichtern, wo sie ihr Wasser aus dem Grundwasserstrom ziehen, der bei El Oued 17 m tief fließt.*

*Die Architektur des Souf ist eine Besonderheit. Lehm gibt es hier nicht, doch unter dem Sand liegt eine dicke Gipskruste. Aus dem mit Sand vermischten Gips entstand eine der reizvollsten Architekturformen des Sahara-Bereichs. Im Gegensatz zu den sonst üblichen Flachdächern und Terrassenhäusern sind im Souf alle Häuser mit Kuppeln oder Tonnen-Gewölben gedeckt. Die rechteckigen Grundformen und die sehr präzisen Grundrisse sowohl im Einzelbau wie in der Gesamtstruktur der Souf-Oasen stehen in wirkungsvollem Kontrast zu den weichen Formen der Dächer. El Oued wird mit Recht die Stadt der tausend Kuppeln genannt. Auch die Innenräume wirken sehr großzügig, ja oft feierlich. Die Kraterlandschaft der Palmengärten, die Kuppeln und Walzendächer der Häuser inmitten der Wellen des riesigen Sandmeeres des Großen Östlichen Erg geben der Landschaft des Souf ein unverwechselbares Gepräge.*

*Seite 103: Moschee bei El Oued*

In Kano

*Färberei in Kano*

*Blick von der Moschee auf die Altstadt*

*KANO in Nordnigeria bietet eine Vielfalt an ornamentalem Schmuck. Der ganze Reichtum der Ornamentik des Islam ist hier an einzelnen Häuserwänden ablesbar. Ein Blick über diese afrikanische Großstadt, die mit einer 15 m hohen Stadtmauer umgeben ist und die in der Altstadt über 100000 Einwohner beherbergt, ist überwältigend und bietet neben der geschlossenen Gesamtkonzeption eine Vielfalt lebendiger Details.*
*Die ummauerten Hausbezirke der Sippen haben unregelmäßige Umrisse. Kubische und kreisrunde Elemente – Würfel und niedrige Zylinder – wechseln ab. Dazwischen ergeben sich Höfe und Gärten. Die Straßen sind wie verzweigte Flußarme durch die Bebauung geführt. Nach alten Berichten war die Stadtmauer aus Lehm einmal 17 km lang, innerhalb der Mauern lebten auf etwa 25 Quadratkilometern 150000 Menschen. Unsere Fotos stammen aus dem Jahre 1960. Die wohlhabenden Haussa schmückten mit reichen Dekoren ihre Häuser. Nachdem eine Zeitlang unter dem Einfluß der „Négritude"-Bewegung der Eindruck entstand, daß der Dekor eine Renaissance erlebte, ist das zumindest in Kano nicht der Fall. Die schönen alten Fassaden verfallen und die Altstadt verliert immer mehr ihr Gesicht, vermutlich deshalb, weil immer mehr wohlhabende Kaufleute in die vornehmen Villenviertel der Neustadt ziehen.*

*Ornamentierte Stadthäuser*

*Haus eines wohlhabenden Kaufmanns bei Kano. In der Architektur mischen sich traditionelle Elemente mit fremden Einflüssen.*

*Die Winterstürme des Harmattan lassen die Stadtsilhouette im Sandstaub verschwinden*

*Ornamentierte Fassade*

*Mit einfachen Mitteln wird eine stark dekorative Wirkung erzielt*

# NIGERIA · Buschdörfer im Haussa-Land

*Deckengestaltung in der Lehmkuppel einer Haussahütte*

*Getreidespeicher und Wohngebäude hinter der Umfassungsmauer eines Gehöfts*

*Plastische und farbliche Gestaltung einer Hütte. Der Eingang wurde offensichtlich nachträglich vergrößert.*

*Dorf auf einer Nigerinsel*

*Teller, Muscheln und Steine werden als Schmuck für die Wände verwendet.*

*Unter dem Einfluß der Witterung entstehen tiefe Risse im Lehm.*

Vorratsspeicher und Wohngebäude

Ländliche Moschee mit ornamentierten Fenstern und Wellblechdach

Schattenbäume und Vorratsspeicher

Innenhof eines Gehöfts

*Plastische Lehmornamente*

*Die Wand am Eingang ist plastisch gestaltet und durch Farbe hervorgehoben*

*Haus eines Holzschnitzers*

*Palast des Obas von Ife*

*Moderner Lehmbau*

*Friseur in Benin City*

# NIGERIA · Städte im Yorubaland

*Die Großstädte Westnigerias sind riesig in ihrer Ausdehnung und erreichen die Millionengrenze. Der größte Teil – außer den modernen Europäervierteln und den Einkaufszentren – der Häuser ist aus Lehm gebaut und mit Wellblech abgedeckt. Die Grundrisse der Häuser sind simpel und der Wohnwert entspricht etwa den Mietskasernen der Gründerjahre. Elektrizität ist vorhanden, die sanitären Verhältnisse jedoch sind katastrophal. Die Abwässer sammeln sich oft in der Mitte der Straßen. Nur die Hauptstraßen sind asphaltiert. Einzelne Häuser vornehmer Afrikaner sind aus Stein und Beton. Interessant ist, wie sehr das Wellblech – besonders in älteren Stadtteilen – „afrikanisiert" wurde. Es hat völlig seinen technoiden Charakter verloren und schwingt in organischen Bewegungen wie ein Schilfdach mit dem Bau mit.*

*Wellblechdächer in Oshogbo*

# MALI · Moscheen

*Fassade der Moschee in San.*
*Die Mauervorlagen leiten den Schub der Pfeilerbögen in die Fundamente. Die Treppe wird durch die auf die Brüstung aufgesetzten Lehmkegel in die Gesamtstruktur des Bauwerks integriert. Die auskragenden Hölzer sind teilweise herausstehende Deckenbalken und dienen bei den häufigen Reparaturen als Gerüst.*

*Wie es der Stadt Djenné gelang, Jahrhunderte den Eroberern zu trotzen, verstand es auch, im Gegensatz zu Kano, den Versuchungen des Fortschritts zu widerstehen. Ein geschlossenes Stadtbild bildet den Rahmen um die großartige Moschee. Sie wurde 1907 auf den Fundamenten der alten Moschee errichtet. Nach wie vor werden die anspruchsvollen Häuser im Stil des 16. Jahrhunderts von der Kaste der „Bari" gebaut. Zehn bis zwölf Jahre dauert die Lehrzeit dieser nomadisierenden Maurer.*

*Die Moschee schließt den Marktplatz von Djenné nach Westen ab*

*Frauen am Brunnen vor der Moschee von Djenné*

*Dörfliche Moschee bei San.*
*Der Formenkanon ist in reduzierter Weise der gleiche wie der der städtischen Moscheen.*

*Fassade der Moschee von Mopti (erbaut 1935).*

*S. 125: Innenhof der Moschee von Djenné. Der Boden aus gestampftem Lehm ist mit Strohmatten abgedeckt. Die zahlreichen Spucknäpfe sind eine wichtige hygienische Maßnahme (während des Fastenmonats Ramadán dürfen die Gläubigen auch nicht ihren eigenen Speichel schlucken).*

*Junge Frau aus dem Stamm der Peulh mit den typischen, überdimensionierten Ohrgehängen aus Goldblech.*

*Blick vom Dach der Moschee auf die Dächer von Djenné*

*Djenné: Straßenbild mit Peulh-Hirten*

*San, Innenhof der Moschee*

*Bürgerhaus in Djenné*

*Moschee in Koporo*

*Moschee in Quolossébougou*

*Bei dieser kleinen dörflichen Moschee kommt besonders deutlich das Umsetzen konstruktiver Elemente (Stützen, Eckverstärkungen) und technischer Notwendigkeiten (Entwässerung, Öffnungen) in plastische Formen zum Ausdruck.*

Das Land der Dogon ist schwer zugänglich. Nur durch beschwerliche Klettereien sind von Sangha, dem Hauptort, die Dörfer am mehrere hundert Meter tiefen Felsabsturz zu erreichen. Noch komplizierter ist der kulturelle und religiöse Zugang in diesem seltsamen und faszinierenden Volk. Eine Fülle von heiligen Orten und Gegenständen machen es dem Fremden schwer, das Labyrinth der Familienhäuser und Hirsespeicher mit ihren spitzen Dächern aus Stroh zu durchstreifen, ohne ein Tabu zu verletzen.

*Dörfer der Dogon am Falaise de Bandiagara*

*Innenhof in einem Dogongehöft. Rechts die Fassade eines Fetischhauses, in dessen Nischen Opfergaben für die Ahnen gelegt werden.*

*Speicherhütte. Das Krokodil-Eidechsensymbol ist ein wichtiges mythisches Zeichen.*

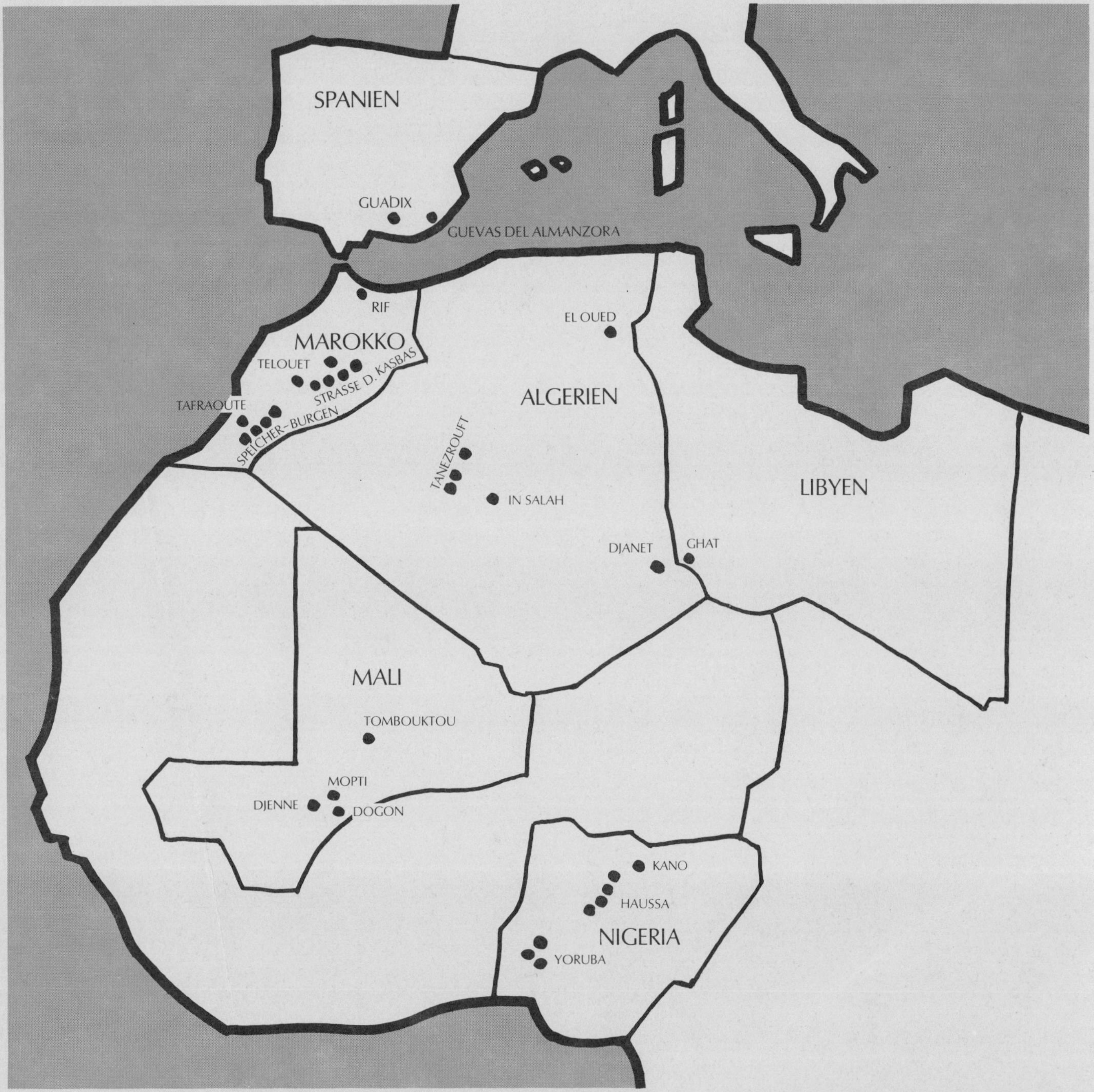
SPANIEN
GUADIX
GUEVAS DEL ALMANZORA
RIF
MAROKKO
TELOUET
STRASSE D. KASBAS
TAFRAOUTE
SPEICHER-BURGEN
EL OUED
ALGERIEN
TANEZROUFT
IN SALAH
LIBYEN
DJANET
GHAT
MALI
TOMBOUKTOU
MOPTI
DJENNE
DOGON
KANO
HAUSSA
NIGERIA
YORUBA